冀东乡村文化建设与
新媒体艺术应用

宋小青　郁泽君　郭建明　陈建伟　著

知识产权出版社
全国百佳图书出版单位
——北京——

图书在版编目（CIP）数据

冀东乡村文化建设与新媒体艺术应用 / 宋小青等著. —北京：知识产权出版社，2022.10
ISBN 978-7-5130-8023-1

Ⅰ.①冀… Ⅱ.①宋… Ⅲ.①农村文化—文化事业—建设—河北②多媒体技术—应用—农村文化—文化事业—研究—河北 Ⅳ.①G127

中国版本图书馆CIP数据核字（2022）第004166号

责任编辑：张　冰		责任校对：谷　洋	
封面设计：杰意飞扬·张　悦		责任印制：孙婷婷	

冀东乡村文化建设与新媒体艺术应用

宋小青　郁泽君　郭建明　陈建伟　著

出版发行：知识产权出版社 有限责任公司	网　　址：http://www.ipph.cn	
社　　址：北京市海淀区气象路 50 号院	邮　　编：100081	
责编电话：010-82000860 转 8024	责编邮箱：740666854@qq.com	
发行电话：010-82000860 转 8101/8102	发行传真：010-82000893/82005070/82000270	
印　　刷：北京建宏印刷有限公司	经　　销：新华书店、各大网上书店及相关专业书店	
开　　本：787mm×1092mm　1/16	印　　张：17.5	
版　　次：2022 年 10 月第 1 版	印　　次：2022 年 10 月第 1 次印刷	
字　　数：322 千字	定　　价：98.00 元	

ISBN 978-7-5130-8023-1

2018 年发布的《中共中央 国务院关于实施乡村振兴战略的意见》要求，落实党的十九大乡村振兴战略的部署，实施农村人居环境整治三年行动，改善村容村貌，开展设计下乡活动，建设体现地域特点、民族特色和时代特征的乡村建筑，使我国农村住区和住宅建设水平在整体上实现提升，对推进我国城乡和谐发展发挥引领和示范作用。2021 年，中共中央、国务院发布了《中共中央 国务院关于全面推进乡村振兴加快农业农村现代化的意见》。该文件指出，民族要复兴，乡村必振兴，要坚持把解决好"三农"问题作为全党工作重中之重，把全面推进乡村振兴作为实现中华民族伟大复兴的一项重大任务，举全党全社会之力加快农业农村现代化，让广大农民过上更加美好的生活。

为对我国农村住区现状与本土文化进行实地调查研究并获得第一手材料，自 2018 年 9 月至 2020 年 6 月，课题组历时近两年，行程 4500 余千米，实地走访了冀东地区 10 个市区县 30 余个自然村落，组织开展了"冀东乡村振兴与本土文化调查研究"。调研内容主要包括冀东地市区县行政管辖区以及地形分类、气候环境、建筑类型等。而后就新媒体艺术介入传播冀东本土文化做了积极的探索和实践研究。参加调研的共有 17 名工作人员，其中课题组指导教师 7 名，建筑学及城乡规划专业本科生 10 名。调研工作在河北省哲学社会科学规划办公室、河北省住房和城乡建设厅及华北理工大学的支持下，设立了"冀东地区乡村振兴与本土文化调研社会综合实践"项目。

本书的主要特点如下：

（1）对冀东乡村振兴与本土文化展开纵向和横向相结合的调研。首先就冀东地区乡村振兴与本土文化整体研究框架和乡村空间重置展开论述，详尽分析冀东地区现存建筑类型、保存情况、发展脉络、本土文化等。

（2）调研工作以"4+2"的数据结构为基本框架。其中，"4"分别是：①农村住区的空间属性，包括村庄的规模、自然条件、居住状况、建筑特征、建成环境、耕地与工业用地、就业方式、公共设施、道路规划、基础设施等；②农村住区的经济属性，包括收支状况、产业结构、能源结构等；③农村住区的社会属性，包括人口数量、家庭规模、人口结构、受教育程度、劳动力结构、医疗与养老条件等；④农村住区的文化属性，包括历史发展、文物古迹、传统民俗活动、民族构成等。"2"是指根据当地"村民满意度"评价指标进行互动式问卷调查，问卷设定了包括村民居住意愿在内的56个问题，以深入了解村民对所在村庄的发展意愿并对各村现状进行总结。因此，样本调研数据既包括物质层面的要素，也涉及非物质层面的内容。

（3）调研内容涉及冀东乡村振兴与本土文化总体概况、空间现状特征、经济现状特征、社会现状特征、文化现状特征、村民对居住空间的满意度以及村庄现状等。本书选取有代表性的市区县，将其社会、经济、文化现状与道路、规划、建筑特点图文并茂地展现了出来。附录中整理了调研过程中的冀东地区典型民居的手绘图。

本书是河北省社会科学基金项目"河北省特色小镇文化建设与新媒体艺术介入路径研究"（立项单位：河北省哲学社会科学规划办公室；项目编号：HB18YS035）的主要研究成果。本书第1~3章、第15~24章、第29~31章由华北理工大学艺术学院宋小青执笔，第4~7章、第25~27章由郁泽君执笔，第8~14章由郭建明执笔，第28章由宋小青、陈建伟执笔。参加本书撰写的人员还有田阳、王文卉、张颖、杨延岭、武云杰、邓博文、李春静、贾兆雪、刘彪、阳永亮、谢思源、李丹、易胜男，在此一并表示感谢。

受调研时间和样本选取的影响，本书中的现象和数据可能与目前情况有细微差异，仅供读者参考。

本书适合建筑师、城市规划师阅读，也可为设计与施工人员提供参考。因撰稿人水平有限，书中难免存在不当之处，还望各位读者多多指正。

作　　者

2021年12月于河北唐山

第 1 章

冀东本土文化与调研乡村规划概述

1.1 研究背景与范围区划

2018 年发布的《中共中央 国务院关于实施乡村振兴战略的意见》要求，落实党的十九大乡村振兴战略的部署，实施农村人居环境整治三年行动，改善村容村貌，开展设计下乡活动，建设体现地域特点、民族特色和时代特征的乡村建筑，使我国农村住区和住宅建设水平在整体上实现提升，对推进我国城乡和谐发展发挥引领和示范作用。2021 年，中共中央、国务院发布了《中共中央 国务院关于全面推进乡村振兴加快农业农村现代化的意见》。该文件指出，民族要复兴，乡村必振兴，要坚持把解决好"三农"问题作为全党工作重中之重，把全面推进乡村振兴作为实现中华民族伟大复兴的一项重大任务，举全党全社会之力加快农业农村现代化，让广大农民过上更加美好的生活[1-6]。

为对我国农村住区现状与本土文化进行实地调查研究并获得第一手材料，自 2018 年 9 月至 2020 年 6 月，课题组历时近两年，行程 4500 余千米，实地走访了冀东地区 10 个市区县 30 余个自然村落。为了保证调研数据的科学性和合理性，课题组通过地图均匀选取每个区县的村落，即每区县东西南北方向各选取 2 个自然村落，共选取 8 个村落。本研究对古冶区、开平区、丰润区、遵化市、迁安市、滦州市、滦南县、乐亭县、迁西县、玉田县组织开展了"冀东乡村振兴与本土文化调查研究"。调研内容主要包括冀东地区市区县行政管辖区以及地形分类、气候环境、建筑类型等。而后就新媒体艺术介入传播冀东本土文化做了积极的探索和实践研究。

冀东地区地理位置重要，交通便利，工矿资源丰富，工业基础雄厚，是京津唐工业基地发展的重点地区。自 1976 年唐山大地震以后，伴随着更为现代化的规划发展，冀东地区的城市和乡村发生了日新月异的变化。英国社会活动家、城市学家埃比尼泽·霍华德早在一百多年之前就提出了"城乡一体化"的观点，而现在，城乡融合、城乡一体早已成为人们的共识。随着经济的增长、社会的进步，中国城市化的发展正在驱动着乡村的发展。

冀东地区处于华北平原东北部，北依燕山，南临渤海，北部多呈山地，中部为燕山山前平原，西南部濒临渤海区，在行政区划上主要包括唐山、秦皇岛等地；气候属暖温带半湿润季风型大陆气候，冬冷夏热，年平均气温 12.5 ℃，年均降水量 500~700 mm。由于冀东地区不同的地形地势，对当地的小气候产生了不同程度的影响，因此乡村民居的院落空间布局形式也有所不同。

冀东地区可分为北部山区、中部的山前平原、西南部的滨海区。北部山区的地形复杂，地势较高，等高线密集，所以民居的宅基地都很小，一般为一进院落，根据整理的调研数据显示，二进院落的比例仅占 8%。中部的山前平原由于地势开阔，允许民居扩展，因此二进院落的比例达到 42%。西南部滨海区的地势更为开阔，允许民居大面积建设，因此二进院落的比例达到了 80%，并且出现了各种形式组合的院落。

地理环境不仅仅影响院落空间的布局形式，也影响着院落空间的尺度。通过实地测绘得出，北部山区由于地势起伏不定，院落尺寸一般依据地形而定，院落面积的平均值为 183 m^2；中部山前平原的院落尺寸有所扩大，院落面积的平均值为 203 m^2；西南部滨海区的院落空间尺寸最大，院落面积的平均值为 254 m^2。较为完整的传统民居大多位于山区，环境相对封闭，而交通和经济条件相对发达的滨海区，由于现代建造技术的引进和人们缺乏对传统民居的保护意识，该区域大多民居拆除后进行了自建，几乎废弃了传统的营造技术。

1.2 政策导向

2018 年 2 月，中共中央、国务院公布了《中共中央 国务院关于实施乡村振兴战略的意见》。在中央农村工作会议上明确了实施乡村振兴战略的目标任务，即到 2020 年，乡村振兴取得重要进展，制度框架和政策体系基本形成；到 2035 年，乡村振兴取得决定性进展，农业农村现代化基本实现；到 2050 年，乡村全面振兴，农业强、农村美、农民富全面实现。

这些战略和政策的出台以及规划的布局和实施，直接影响到此次乡村调研活动的性质和目标。本研究在宏观层面上把握时机，找准目标，力求为基层的乡村振兴添砖加瓦。

冀东乡村振兴战略调研活动是顺应宏观和微观层面上的政策导向开展的，在团队调研过程中，大到村落的布局环境、经济建设、社会情况，小到各个村落的道路设施状况、基础设施建设以及建筑形式，通过实地调研、实地采访、收集数据，力求掌握具体落实乡村振兴这一伟大战略的一手资料。本研究选取冀东地区村落作为调研对象，具有严谨的科学性、统筹的完整性，对于后续乡村振兴规划有着重要的借鉴意义，且具有一定的前瞻性和实效性。

1.3　研究目的与方法

1.3.1　研究目的

冀东地区村落类型多，各地在小气候、地形地貌、发展条件、交通状况、政策扶持等方面存在差异，为了从整体上了解冀东地区的最新发展状况，在乡村振兴战略的实施和村落空间的重置上，需对冀东地区村落进行系统且科学、定性且定量的研究，这也为部分地区乡村振兴研究提供了新的视野和思路，也为在全国范围内实现乡村振兴战略奠定理论和实践基础。

1.3.2　研究方法

（1）文本资料收集法。课题组通过中国知网、图书馆、百度文库等查询、收集相关资料，对于村落空间和实际情况形成初步了解，同时也为后续调研内容做一些导向性的工作。

（2）现场调研探勘学习法。课题组深入冀东地区的各个村落进行实地调研、拍照、测绘，寻访当地居民村内的生活条件、产业结构及村民收入情况等。

（3）模型模拟法。课题组通过 BIM 建立典型民居建筑的模型，使用专业绘图软件展现冀东民居的建筑内部结构和具体的空间构成，解析冀东民居的特点、形式及发展脉络。

（4）归纳总结法。课题组通过归纳总结前人的研究经验和研究方法，选择适用于冀东地区的研究方法和研究内容。

（5）定量定性法。课题组运用测绘工具，实时测量了冀东村落建筑的尺寸，先进行定量分析，再对使用情况进行定性分析；此外，也对调研问卷所收集的数据进行整理和运用，形成有说服力的图表文字。

1.3.3 数据收集

本研究数据主要通过实地走访所见所闻及调查问卷、笔记记录整理得出，涉及冀东地区 10 个市区县 30 余个自然村落。在村落的形成和发展方面，主要取得了人口相关比例、产业结构占比、家庭人员情况、家庭收入支出情况、村民受教育情况等方面的数据；在建筑构造上，测绘并记录了具有代表性的民居建筑和特色建筑的平面、立面、剖面的数据。

1.3.4 研究的技术路线

本研究的技术路线如图 1.1 所示。

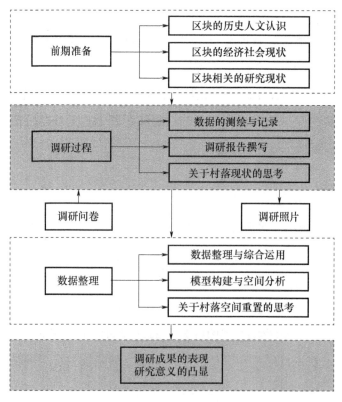

图 1.1 本研究技术路线

1.4　数据整理与模型建立

1.4.1　数据的科学化使用

研究的数据通过调研得到，并以图表或建立数据模型的方式实现质的转换，使数据成为该研究的直接证明，如图 1.2 所示。

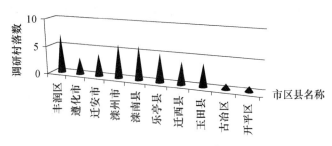

图 1.2　村落各县分布数据

1.4.2　实际模型的建立

通过测绘的数据，课题组对于村落的空间结构和建筑体量有所认识，结合卫星地图和实际调研空间感受，利用 BIM 和 AutoCAD 绘制具有代表性的民居建筑和特色建筑。代表性民居建筑的模型如图 1.3 所示。

图 1.3　利用 BIM 绘制的代表性民居建筑模型

1.5 村落空间重置的内涵

调研紧紧围绕"乡村振兴战略"这一主题，为实现本地区或者相似地区的乡村振兴规划建设与本土文化保护、传承，针对冀东地区村落空间重置的内涵主要了解以下几个方面。

第一，从乡村现代化上考虑。20 世纪的规划和建筑领域的现代主义、机械思维和理性主义并不完全适用于 21 世纪，后现代的人文主义和人的尺度空间占据了社会主流，绿色环保在今天成为一个流行词汇。对于乡村的重置和改造更新，不再依靠物质的积累和聚集，而是在整体上从人的视角和观念出发，使物质成为次要因素，让人在乡村的集聚和生产生活成为主要影响因素。这是因为中国当今的农村社会在物质方面相对富足，生活水平有了巨大的提升，精神生活的享受需求也愈加凸显，所以乡愁文化的概念被多次提出和强调。

第二，从住区建筑上考虑。建筑材料的日新月异、建筑结构的不断进步、建筑装饰的不断变化、建筑理念的不断升级，由大城市辐射小城镇，再由小城镇辐射村落，村民的淳朴观念也是随着时代的潮流而不断变化，所以在当今的乡村民居建筑中，存在着各种各样的民居建筑，这使得村落空间在一定程度上具有特殊性和普遍性[19-26]。

第三，从乡村文化振兴上考虑。特色的地域造就了我国村落多样化、多种类的特征，每个村落的文化不尽相同。从乡村规划的角度考虑，就业难题和人口流失成为影响乡村振兴的主要原因，而改变这一现状的手段除物质条件的富足与基础设施的完善之外[27-30]，还需要文化上的牵连，从古至今，家文化及乡愁文化就一直根植于中国人灵魂之中，所以发展家文化和乡愁文化也是对村落空间进行重置的有效措施。

第 2 章

冀东民居百年演变

冀东地区现存民居多为 1976 年唐山大地震后统一规划的建筑,形式多为标准前后院式。因各地区地理位置、气候、自然资源等的差异,建构方式各具特色。随着近百年间冀东人民的生活习惯、传统风俗、经济等发生的变化,建筑形式日渐丰富。冀东地区现存的建筑大致可以分为五种类型,即震前遗留的百年民居、震后第一批大杂院民居、震后第一批标准前后院民居、20 世纪 90 年代水刷石民居和近十年建造的别墅式民居 [27,30]。

冀东地区位于华北平原东北部,北依燕山,南临渤海,包括唐山、秦皇岛等地,总面积达 21284.4 km²,其境内有青龙山、天台山、大城山等。冀东地区临山近水的区域,拥有丰富的石资源与木资源,20 世纪 80 年代之前的民居建筑大多就地取材,建筑的建构方式自成体系,如迁西县、迁安市、遵化市的传统民居。临海区域的民居建筑上开窗少,设防风门斗,以适应气候特点,如乐亭县的民居。在不同的时代背景下,人们会针对不同的建筑材料特性,使用适合的建构手法建造民居,因而形成多样的建筑形式。建筑形式体现为建筑材料与建造方法,建筑形象反映建造的逻辑 [31-34]。建筑单体屋顶有硬山顶和囷顶、平顶三种。根据功能的不同,单体屋分为正房、倒座房和厢房三种。

2.1 震前遗留的百年民居

震前遗留的百年民居大多为大杂院,如唐山市丰润区石佛村的一座百年民居,初建时由 13 户家庭合资建造,建筑共四进院落,但由于历史原因,部分已经拆除重建,仅保留门楼部分和第一进房屋,其数字建模恢复模型和现场照片如图 2.1~ 图 2.3 所示。在建造房屋时，因为有强大的劳动力和经济基础，所以房屋的材质、建造的坚固程度和建筑装饰较好。

这一时期，民居主要是以石头和青砖为主要材质的砖混结构硬山顶建筑，五脊二坡，以小青瓦铺设顶部，建筑外部以白色抹灰为装饰，开间五间。横墙作为承重墙，并兼作隔墙，所以不承重的南北立面墙体可以自由地开设门窗，南立面可开设两个大窗，以更有效地采光取暖；北立面可开设高窗，这样既利于夏季通风，又可有效抵抗

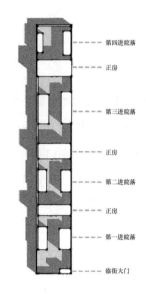

第四进院落
正房
第三进院落
正房
第二进院落
正房
第一进院落
临街大门

图 2.1　震前百年大杂院民居平面图

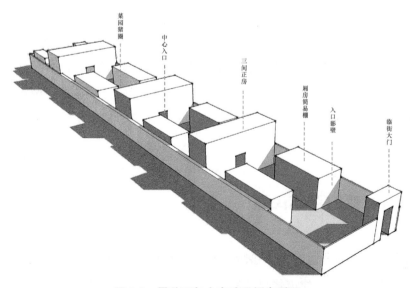

菜园猪圈
中心入口
三间正房
厢房简易棚
入口影壁
临街大门

图 2.2　震前百年大杂院民居鸟瞰图

冬季的西北风。墙体砌筑材料大部分使用石材，仅在墙体转角处、墙体中部和最上部使用青砖，这是因为青砖墙体的稳定性好，可在建筑中充当构造柱和圈梁。

在选定建构方式的基础上，人们选择性地在墙面上进行抹灰，使青砖裸露，而将石材掩盖，这多多少少与房屋主人当时的心理诉求有关，即把价格昂贵的青砖裸露在外，而将就地取材的石头墙体掩盖。同样，门楼部分也是这样处理，如图2.4和图2.5所示。

图2.3　13户大杂院百年民居

图2.4　民居门楼

图2.5　民居门楼顶部

像中国传统的石牌坊（见图2.6）、石阙中的石斗拱一样，建筑外部虽然没有木质材料，但建筑在装饰方面始终没有完全摆脱模仿木构建筑的影响，建筑屋檐部分刻意用柱形砖模仿椽子向外挑出屋檐的结构。由于建造者构建思想的介入，装饰部分达到了取其意而不拘泥于其形的效果，既美观实用又不烦琐，是一种高超的处理手法；但其影响了砖材质的特性，使其抗压不抗剪。

图2.6　清东陵石牌坊石斗拱

2.2 震后第一批大杂院民居

　　震后第一批大杂院民居虽然是在 1976 年唐山大地震后修建的，但建筑的做法、布局以及居民的生活方式仍延续传统。震后第一批大杂院民居一般有四进院落，四排南北向布局的正房，由于年代以及主人经济状况不同，建造材质、开间大小、装修方式各不相同。例如，某大杂院原来为六家居民共同使用，因其余四户家庭陆续迁居别处，现为两户共用；建筑基本上都为震后重新修建，但运用了很多老建筑材料，如石鼓、地面砖石、梁架屋檐等，其数字建模恢复模型如图 2.7~ 图 2.10 所示。其中，第二进、第三进、第四进院落的西侧均有平顶式样的厢房，一般用来放置杂物及储存粮食；院落东侧一般种植蔬菜。

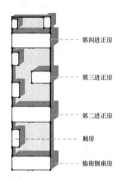

第四进正房

第三进正房

第二进正房

厢房

临街倒座房

图 2.7　震后第一批大杂院民居平面图

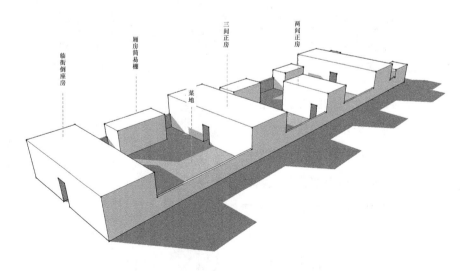

临街倒座房

厢房简易棚

菜地

三间正房

两间正房

图 2.8　震后第一批大杂院民居鸟瞰图

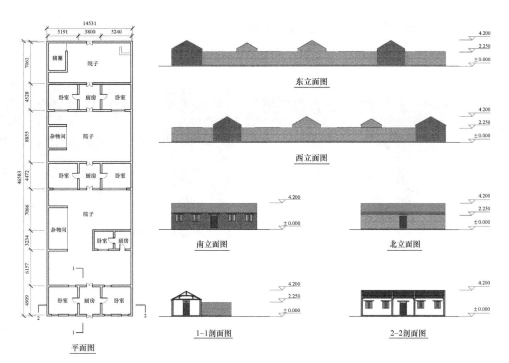

图 2.9　震后第一批大杂院民居模型

图 2.10　震后第一批大杂院民居鸟瞰模型

2.2.1　第一进建筑——红砖材质的砖混结构硬山顶建筑

第一进建筑为临街的倒座房，属于红砖材质的砖混结构硬山顶建筑（见图 2.11），以小青瓦铺设顶部（见图 2.12），平面为"四扩五"式，即把四间房屋分成五个区域供使用。建筑临街的大门处立有一对百年的抱鼓石，这与传统建筑的一些文化习俗有关。

南北向立面均开窗，有助于采光通风，适应气候条件。起先，室内外有四级台阶，高差为 0.8 m 左右，后因修路以及建筑沉降等，现在室内外地面高差基本一致。

图 2.11　红砖硬山顶建筑

图 2.12　屋顶结构

建筑整体使用红砖建造，与传统民居的建造方法相同。屋内不设吊顶，屋架直接裸露。粗长的木料横向可做梁，竖向可做柱，相对细小的椽子与梁檩搭接，组成屋顶部分的骨架，然后铺设草席、覆土、铺瓦，给屋顶穿上一层防雨衣，使木材质的性能充分发挥，并以榫卯结构互相咬合连接，这种在美观与功能上达到高度统一的做法，将木料的特性发挥到极致，是传统民居的一大特色。

2.2.2　第二进建筑——土坯砖材质的梁柱结构承重的硬山顶建筑

第二进建筑为梁柱结构承重的硬山顶建筑，以土坯砖为填充墙材料（见图 2.13 和图 2.14），以小青瓦铺设顶部。南北向均开窗，两间房，位于院落东侧。墙体勒脚以青砖砌筑，以防潮和增加墙体的强度。

土坯砖是用黏土、草、水混合拌入些粉煤灰，放入砖模中成型晒干制成的。这种建筑材料制作成本低，性价比高，保温隔热性能也很好。充满智慧的匠人们将土的材质性能充分发挥，建房时，通过分层垒砌的技术将建筑构建出来，让材质直接裸露，真实地再现材质的质感。

图 2.13　土坯砖砌筑方式

图 2.14　土坯砖民居

2.2.3 第三进建筑——木构架承重的硬山顶建筑

第三进建筑为木构架承重的硬山顶建筑（见图2.15），以青砖为填充墙材料，共四间，与传统硬山顶建筑建造方式一致，即完全由梁柱体系承力。屋顶重量由梁承载，梁把荷载均匀地分配到柱子上，柱子将重量传递到基础部分，与当代流行的框架结构受力体系基本一致。屋顶的重量通过梁柱向下传递，同时梁柱又可以作为室内装饰的一部分，使建构方式与艺术表现合二为一。墙体仅作为围护结构。设计者可以自由地进行立面设计，例如，在不承受力的南立面墙体上大面积开窗以利于冬季采光取暖（见图2.16）。

图2.15　传统木构架　　　　　　　　　图2.16　精致的窗牖

由于杂居时代多为东西两侧各住一户人家，当心间常作为公共厨房。建筑当心间在南北方向各设一门，常作为公共走道供内部居住人员通行。平面功能的对称性使得建筑的建构方式同样左右对称，两者保持一致。

2.2.4 第四进建筑——红砖材质的砖混结构硬山顶建筑

第四进建筑为红砖材质的砖混结构硬山顶建筑，以小青瓦铺设顶部，四间房。这栋建筑在大杂院内建造时间最晚，勒脚位置涂抹水泥以防潮（见图2.17）。硬山顶建筑的室内进行弧形吊顶装饰，其大致做法为先用高粱秆在顶部搭接编织，然后在内表面抹灰（见图2.18）。

图2.17　水泥勒脚的民居　　　　　　　图2.18　室内秸秆吊顶

2.3 震后第一批标准前后院民居

震后第一批标准前后院民居，即中间为三间房、前后各一院子的标准布局建筑，独门独户，是震后统一分配宅基地、统一道路规划的结果。临街的宅院有的不设后院或前院，直接在正房的当心间临街设门，以便于通行。其数字建模恢复模型如图2.19~图2.22所示。这类建筑主要建于1980—1990年。建筑基本上为砖混结构的硬山顶建筑，砌体材质分为青砖和红砖两种[26-30]。

由于建造年代所流行的式样不同以及经济状况有差异，建筑结构逐渐变化，传统的梁柱木结构体系的建筑已经消失，全部以黏土砖为主要建筑材料，用构造柱、圈梁

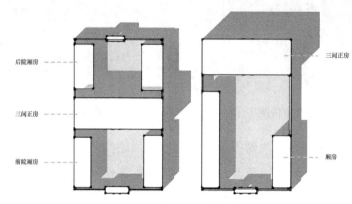

图 2.19 震后第一批标准前后院民居平面图

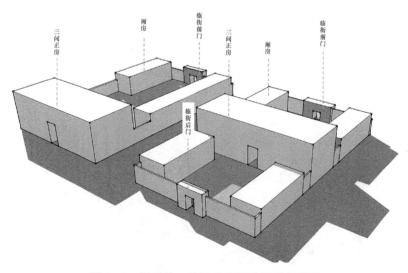

图 2.20 震后第一批标准前后院民居鸟瞰图

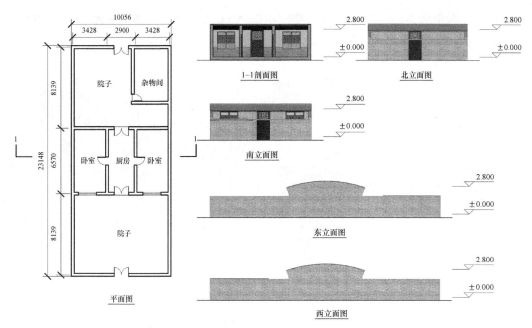

图 2.21　震后第一批标准前后院民居平面模型

图 2.22　震后第一批标准前后院民居鸟瞰模型

等增强墙体稳定性，以整体浇筑的方式来建造屋顶。由于建构方式逐渐简单，建筑的
形式也随之简化。

　　震后第一批标准前后院民居属于恢复性建筑，施工普遍简单，形式单一，仅有满

足基本居住需求的正房，门楼完全消失（见图 2.23~ 图 2.26）。各地区都充分利用当地的原材料和倒塌房屋遗料，根据气候差异，建造了硬山顶建筑和囤顶建筑。

图 2.23　震后第一批标准前后院民居前院

图 2.24　震后第一批标准前后院民居后院

图 2.25　屋顶结构

图 2.26　街景

2.4　20 世纪 90 年代后水刷石民居和近十年建造的别墅式民居

随着经济的发展，建筑群体中又出现了影壁、厢房、门楼。这体现出居民仍未完全摆脱传统装饰方式的影响，尚未探索出新的建构方式。这一时期民居中的各种装饰与建构方式逐渐流于形式化。建筑外部装饰形式逐渐符号化，但种类多样，或抹灰，或贴瓷砖，或绘制彩画，或采用水刷石装饰（见图 2.27 和图 2.28）；一些地区甚至根据风水学，在门前放镜子，在门楼上部安放一对神犬或插小旗等。

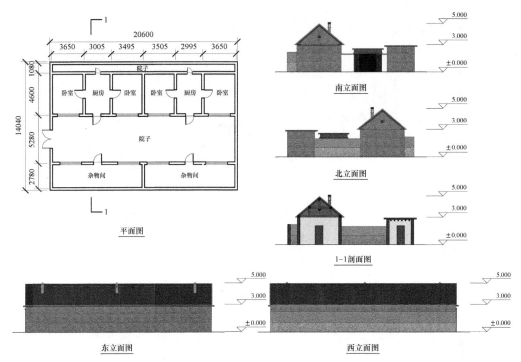

图 2.27　20 世纪 90 年代后水刷石民居平面模型

图 2.28　20 世纪 90 年代后水刷石民居鸟瞰模型

随着冀东地区经济的发展以及建筑材料的更新，人们对使用空间的品质要求不断提高，近十年新建的大多为砖混结构或框架结构的建筑。墙建筑的面宽、进深、高度有极大改变。平面形式上出现了"三六间"，即建筑进深加大，在纵向中心位置作分隔，也出现了一些二层楼房建筑（见图 2.29 和图 2.30），使得村内的建筑天际线更加丰富。

建构技术的发展使得居民的想法可以轻松实现。传统中式、古典欧式甚至中西结合的各种各样的建筑，屡见不鲜。相较于震后第一批建筑，这一时期的建筑更加坚固，功能更加齐全，视觉形象更加丰富、美观。但对材料与真实性的体现，二者相去甚远。

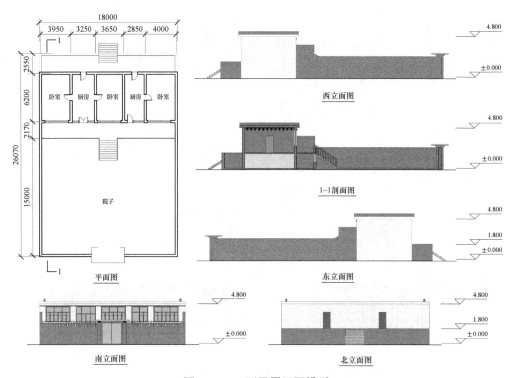

图 2.29　二层民居平面模型

图 2.30　二层民居鸟瞰模型

第 3 章

冀东民居调研框架设计

3.1 民居样本选取

（1）区域划分调研法。对所选取的 30 余个冀东村落进行深入调研，通过影像、图形及文字等方式详细记录各个村落的主导民居类型，包括民居空间造型、户型平面及屋内家具陈设细部特征等。

（2）类别解析法。文献实地调研经验及做法都属于现象范畴，深入研究需要将现象联系理论。规律性类型化研究的中心就是分类解析，通过对调研所获取资料进行深入分析，提炼民居构成要素，对冀东本土文化与乡村民居进行类型解析。

（3）多方互动法。每一种民居类型的形成与产生都受到多方因素的影响，挖掘这些原因的一种有效途径就是通过走访与当地居民进行深入交流，了解住户自家农宅的变迁及该村民居的简要发展过程，了解他们心中理想的民居形式，为冀东现代民居改良设计和示范设计提供参考。

3.2 调研框架与调研报告格式

××市××县××乡××村现状调研报告

1.概述

1.1 区位

1.2 自然条件

2. 空间现状特征

2.1 整体布局

村落布局形式、简图。

2.2 街道空间

乡村道路分级：主要道路、次要道路、巷道或田埂道。村内主要道路材质。村内道路与两侧房屋宽高比（含数据、绘图、照片）。

2.3 节点空间

广场分布，广场规模，广场使用率（含照片、问卷数据处理），以及古树、古井等特色历史文化节点。

2.4 住宅建筑现状

建筑形式、人均（户均）面积、人均（户均）宅基地、结构形式、材料、建筑年代、建筑质量。

2.5 住宅特征和建筑形式

空间构成（功能布局、结构与构造）、物理环境（通风、采光、保温、隔热）及建筑材料与装饰（适当测绘户型平面、特色立面图）。

2.6 用地情况

耕地情况、种植情况以及工业用地情况等。

2.7 公共服务设施情况（设立情况、规模、服务半径，包含问卷、照片）

行政设施（村委会、社区服务中心、警务室等）。

医疗设施（卫生所、卫生站、防疫站等，包含问卷、照片）。

商业设施（市场、超市、集市、餐饮、零售、维修、小卖店、浴室等）。

教育设施（学校、幼儿园等）。

文体设施（文化广场、文化活动中心、运动场所）。

保障措施（村里对公共服务的系统保障方式，如治安管理等）。

2.8 道路交通情况

交通形式（自行车、摩托车、三轮车、汽车、公交车、铁路）及比例（制作图表，含照片）。

道路形式（照片、道路截面示意图）。

路面宽度（级别）。

道路质量。

道路长度。

停车设施（数量、布点，包含照片、平面分析图）。

公交设施情况（公交线路、公交站布点）。

2.9 基础设施情况

给水设施（给水：自来水、井水，水质。取水方式、覆盖人群、农田灌溉方式、机电井，包括问卷、照片）。

排水设施（排水设施、污水处理方式及设施）。

电力设施（村内是否有电网系统、用电普及率、电网架设、变电所情况，包括问卷、照片）。

通信设施（电话、手机普及率，线路架设情况）。

网络。

广播。

环卫设施（村内是否有垃圾箱、公共厕所，生活垃圾及粪便如何处理，是否设有垃圾集中收集点和粪便处理设施，包括问卷、照片）。

2.10 景观现状情况

绿化（防护绿地、公共绿地）面积、分布情况、构造手法。

3. 经济现状特征

3.1 村民收支状况

主要收入来源等（问卷数据统计）。

3.2 产业结构特征

3.3 能源结构特征

日常能源（电、煤、柴）占比。

4. 社会现状特征

4.1 人口及家庭结构情况

全村人口数量、总户数、家庭规模、核心家庭或空巢家庭（问卷数据、统计图表）。

4.2 劳动力从业情况

工作单位、工作性质、工作人群（问卷数据、统计图表）。

4.3 村民受教育情况

受教育程度、受教育人群（图表）。

4.4 社会保障福利

有无医保、养老情况等。

5. 文化现状特征

5.1 历史沿革和遗迹（照片）

5.2　传统风俗与习惯

语言、民族、生活习惯、民风民俗、特色节庆、非物质文化遗产、风土人情（墓葬习俗、节庆习俗、历史典故等，含图片）。

6. 村民居住意愿

满意度、主要问题（交通、就业、上学、求医、福利）、居住意愿（户型、朝向等）。

7. 小结

7.1　存在问题

7.2　发展优势

第 4 章

玉田县石臼窝镇石臼窝村现状调研报告

4.1 概述

4.1.1 区位

石臼窝村位于河北省唐山市玉田县石臼窝镇，距玉田县城约 31 km，距离天津市界 3.9 km，距离北侧 361 省道 3.3 km，西侧紧邻 133 乡道，对外交通便利。石臼窝村西侧邻近蓟运河，东部是大片农田，北部紧邻齐庄子村，南部邻高家庄村。

4.1.2 自然条件

石臼窝村位于蓟运河中游，地势平坦。河道蜿蜒曲折，主河槽过水断面小，堤身薄弱，堤防下沉，高程不足，受唐山大地震和地面沉降影响，河道过流能力普遍较低。石臼窝村属于暖温带大陆性季风气候，四季降水量不均，夏季降水量占全年降水量超过 80%。矿产资源丰富，盛产铜、钛铁矿、芒硝、黑钨矿、滑石等。

4.2 空间现状特征

4.2.1 整体布局

石臼窝村沿蓟运河呈南北带状分布，少部分民居沿河流而建，大部分民居临路而建，其中有一部分民居呈联排布局，少部分民居呈自由分散式布局，民居总体布局情况如图4.1所示。主干道西侧的民居主入口朝东，东侧有部分商业建筑入口朝西（见图4.2）。

图4.1 石臼窝村总体布局

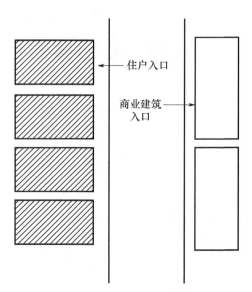

图4.2 主干道两侧民居布置情况

4.2.2 街道空间

村内有两条主要道路，呈十字交叉形分布，南北向主干道长约813 m，宽约10 m；东西主干道长约590 m，市场区大街最宽约16 m。市场大街两侧分布有住宅和商业区，是村中的繁华地带。

村中次要道路宽6 m，与133乡道相接，与市场大街相连，走势向东，周边民居依路而建，错落有致，道路两边住宅布置如图4.3和图4.4所示。

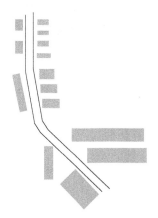

图4.3 次要道路两边住宅

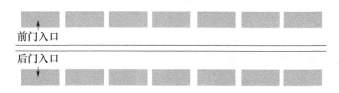

图4.4 宅间路两边住宅

宅间路宽约 3.5 m，路南为住宅主要入口，路北为住宅后门，出入方便，有利于夏季通风，保持室内凉爽。

主干道与两侧房屋宽高比为 3.5∶1，道路中间是混凝土材质，两侧基本为硬质土壤，是停车休憩的主要空间。房前房后各留有一段堆放杂物的空间，房屋宽高比大约为 2∶1，预留空间间接地使后排房屋得以满足日照要求，其实际现场图如图 4.5 和图 4.6 所示。

图 4.5　主干道两侧情况　　　　　　　　　图 4.6　宅间小路

4.2.3　节点空间

图 4.7 所示为村民日常活动的广场，广场位于村委会院内。广场内有供村民日常休闲、健身、娱乐的体育设施，面积约为 500 m²。根据季节以及农业活动，广场的使用率相差较大，夏季及冬季的傍晚，广场的使用率最高。

村庄以西是沿村而过的蓟运河，村内鱼塘如图 4.8 所示。村民夏季会去河边乘凉、捕鱼、散步。虽然没有专门修建娱乐设施，但运河是最受村民喜爱的场所。

图 4.7　村内广场　　　　　　　　　　　图 4.8　村内鱼塘

4.2.4　住宅建筑现状

村内建筑根据年代的不同主要分成三大类，即震前大杂院式民居、标准前后院民居以及条式院落民居。建筑屋顶样式有硬山顶和囤顶、平顶三种。根据功能的不同，建筑有正房、倒座房和厢房之分。冀东地区有烧火、烧炕的习惯，因此家家户户的建筑顶部都至少竖立着两个烟囱。

（1）震前大杂院式民居，虽几经翻建，但建筑的布局方式以及居民的生活方式仍延续传统。该住宅共四进院落，四排南北向布局的正房。

第一进建筑为临街的倒座房，是红砖材质的砖混结构硬山顶建筑，以小青瓦铺设顶部，为"四扩五"式。

第二进建筑为土坯砖材质的梁柱结构承重的硬山顶建筑，以小青瓦铺设顶部，南北向均开窗，两间房，位于院落东侧。墙体底部以青砖砌筑，以防潮以及增加建筑的强度。

第三进建筑为木构架承重的硬山顶建筑，以青砖为填充墙材料，共四间。与传统建筑建造方式基本一致，即完全由梁柱体系承力，故可以在南向立面整面开窗。建筑开间四间，同样是"四扩五"式。由于杂居时代多为东西两侧各住一户人家，当心间常作为公共厨房。另外，建筑当心间在南北方向各设一门，常作为公共走道供内部居住人员通行。

第四进建筑为红砖材质的砖混结构硬山顶建筑，以小青瓦铺设顶部，四间房。硬山顶的室内进行弧形吊顶装饰，其大致做法为先用高粱秆在顶部搭接编织，然后在内表面抹灰。

（2）标准前后院民居，即中间为三间房，前后各一院子的标准布局建筑，独门独户。临街的宅院有的不设后院或前院，直接在正房的当心间临街设门，以便于通行。建筑基本上都为砖混结构的硬山顶建筑，砌体为青砖和红砖两种，均为震后建筑，如图4.9~图4.11所示。由于建造年代所流行的式样不同以及经济状况有差异，建筑外部装饰形式千变万化，或抹灰，或贴瓷砖，或绘制彩画，或采用水刷石式样。

图 4.9　青砖砖混建筑　　　　　　　　图 4.10　外墙抹灰砖混建筑

图 4.11　土坯砖砖混建筑

（3）条式院落民居，这是在整个冀东地区发现的最特殊的一种平面布局形式，建筑坐北朝南，三间房，是砖混结构的硬山顶式，顶部铺设红色缸瓦，外部抹灰。当心间不设后门，没有后院。南侧有一个院落，但是南北进深极小，东西面宽极大，东侧临街处设有门房。之所以出现这种平面布局形式，是因为其宅基地南北进深小，东西向面宽大。条式院落的西（内）部往往还有一进或多进院落，供其他家庭的居民居住，这也是原始杂居平面形式的一种，如图 4.12 和图 4.13 所示。

村内建筑三间房居多，建筑多进深 6 m、面宽 12 m，家庭人口平均为 3.6 人，人均居住面积约为 20 m²。宅基地多为二分五或三分，即人均宅基地面积约 46 m² 或 56 m²。

图 4.12　条式院落院内　　　　　　　　图 4.13　条式院落入口

建筑多为砖混结构，少数老建筑为木结构。建筑墙体材质有青砖、红砖、土坯砖三种，屋顶瓦有小青瓦、缸瓦和彩钢瓦三种。

村内有一条老街，位于村落中心位置。该村最直、最宽的道路两旁的建筑大多都有上百年历史，路旁原来有小学（现改为村委会），还有公共建筑（邮局等），村四周的建筑年代大多较新。图4.14所示为南北住宅布局形式。建筑分为震前建筑、20世纪80年代震后第一批建筑、90年代建筑和近十年新建建筑这四类，这四类建筑在材质、样式、平面大小等方面均发生了较大变化。

图 4.14 南北住宅布局形式

建筑质量整体较好，房屋基本上都有人居住，可以满足生活需求。临街住宅多为东西向并排建造，临街开设大门，方便交通。南北住宅之间多两户正对。住宅与院落在功能上互补，在空间上联通。

4.2.5 住宅特征和建筑形式

该村住宅布局均为院落式，只有一处串联式大杂院，由四个院落构成整个建筑群。建筑结构多数为砖混结构，少数为木构式。

建筑南立面多开大窗，北立面开小窗，有利于穿堂风的形成以及冬季的室内采暖。当心间南北向各开一门，有利于穿堂风的形成，以降低夏季室内温度。建筑结构墙体外通常抹灰，用来装饰及保温防潮。

建筑装饰方式多样，有的裸露青砖结构，在山墙部位以青砖拼装几何图案；有的在墙体外表面直接抹灰；也有的在墙体外表面贴白色瓷砖。

4.2.6　用地情况

村民以农业生产为主要经济来源，农业产品主要有小麦、玉米、大葱等；村内有三家渔民，经常在蓟运河开船打鱼；村内也有多户村民有自家鱼塘，从事养殖业。

村南部有一块工业用地，占地约 100 亩[①]，生产钢材，为周边村民提供了大量就业机会。

4.2.7　公共服务设施情况

村内有村委会、警务室。图 4.15 和图 4.16 所示为村内两处卫生所，分别是石臼窝镇石臼窝村第一卫生室和石臼窝镇石臼窝村卫生室。

图 4.15　石臼窝村第一卫生室

图 4.16　石臼窝村卫生室

村内有固定的集市，每五天开集一次。村中主干道旁有多家小卖部、粮食收购站及小型餐饮场所等。

图 4.17 所示为村内一家幼儿园（共 6 个班）。村内还有一处活动广场。

图 4.17　幼儿园

---

① 1 亩约为 666.67 m²。

4.2.8　道路交通情况

交通出行方式多样，村民多骑自行车，少数开汽车或骑摩托车，交通方式分布如图 4.18 所示。村中有公交车通往县城。

道路形式为双向单车道。绝大多数道路完整，部分道路由于货车长期高强度碾压遭到不同程度的毁坏，主次干道如图 4.19 所示。村中无固定停车位，多随意停在路边。无公交设施（公交线路、公交站布点）。

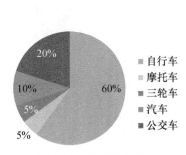

图 4.18　交通方式分布

图 4.19　主次干道

4.2.9　基础设施情况

村中生活用水主要为自来水。农田灌溉使用井水。村内有电网系统，且全村普及，村中实行电卡缴费。电话、手机全村普及。全村网络普及率约 40%，多为中青年人使用，老年人一般不使用网络。村中各个路口均设有广播设施。

村内有固定垃圾点，定期有专人清理。村中每户都有独立旱厕，无公共厕所。粪便排入自家粪池，每户各自定期清理。

村西部邻近蓟运河。主干道两边有行道树。村中心有一片三角形绿地，约有三处池塘无规则布置在村中。

4.3　经济现状特征

4.3.1　村民收支状况

村民主要收入来源为在附近的钢厂务工、务农，占比如图 4.20 所示；支出主要为子女教育和日常生活，占比如图 4.21 所示，村民可参加"新农合"来降低医疗费用。

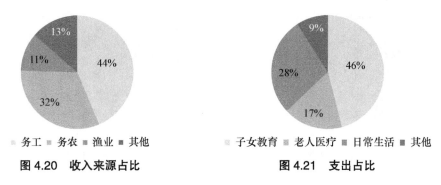

图 4.20　收入来源占比　　　　图 4.21　支出占比

4.3.2　产业结构特征

村内以第一产业为主，有若干户以养鱼为生，村子邻近运河，部分人家的院子前有鱼塘。从业人数占比如图 4.22 所示。

4.3.3　能源结构特征

村民夏季主要用电和煤气，冬季主要用煤和柴。电、煤、柴占比基本持平。此外，夏季利用简易太阳能设施获取能源。冬季能源占比如图 4.23 所示。

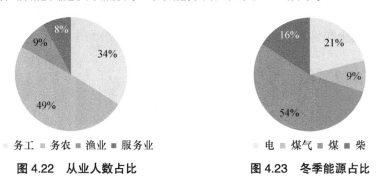

图 4.22　从业人数占比　　　　图 4.23　冬季能源占比

4.4　社会现状特征

4.4.1　人口及家庭结构情况

全村人口数量 1540 人，总户数 427 户，户均 3.6 人。该村家庭规模普遍较大，家庭成员总数一般为 5~8 人，隔代家庭与核心家庭居多。村内老年人较多，大部分年轻人在外务工或上学，无留守儿童。村内家庭规模与结构比例分布如图 4.24 和图 4.25 所示。

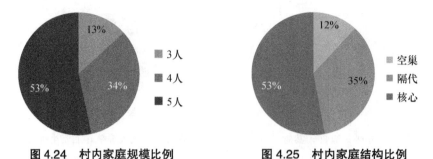

图 4.24　村内家庭规模比例　　　　　图 4.25　村内家庭结构比例

4.4.2　劳动力从业情况

村中主要劳动力为农业劳动力，多从事种植业与养殖业；少数为工人，在附近钢厂工作；部分为三产服务人员，以开设超市、小卖部为主；少数为无业人员。劳动力从业情况如图 4.26 所示。

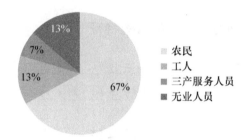

图 4.26　劳动力从业情况

4.4.3　村民受教育情况

村民受教育程度普遍偏低，尤其是村里 45 岁以上的村民，文化教育程度基本为小学及其以下，极少数是初中或高中学历。学历较高者一般为在外务工或上学的年轻人。

4.4.4　社会保障福利

村民基本上都有医保。该村没有养老院，村内老人较多，儿女多在外务工，常年不在家。

4.5　文化现状特征

20 世纪 80 年代，村旁的蓟运河承担主要货运功能。图 4.27 所示为保留的水塔。村内还有邮局、公社等历史遗迹。一位村医家中还保留着一栋近 200 年的老房子，如图 4.28 所示。该房屋在中华人民共和国成立前曾经失火，房梁等木结构被烧黑，但未坍塌，修缮后可继续居住，后在 1976 年唐山大地震时南墙坍塌，但整体结构仍完整，南墙部分损坏严重，修复后窗户造型有所改变。

图 4.27 过去的水塔

图 4.28 村医的老房子

第 5 章

玉田县窝洛沽镇罗卜窝村现状调研报告

5.1 概述

5.1.1 区位

罗卜窝村位于河北省唐山市玉田县窝洛沽镇，距唐山西 35 km，距离窝洛沽镇 9.0 km 车程（途经鸦丰公路，鸦丰公路与唐通公路呈十字交叉在镇区交会，北与京沈高速公路相连，还乡河和双城河在镇区穿过），距县城 24.5 km。132 乡道贯穿村落，内外交通便利。

5.1.2 自然条件

罗卜窝村地处洼地，属沼泽化平原，以种植玉米、小麦为主。20 年前广植水稻，双城河岸多植芦苇。双城河自北向南从村东通过，河上建有罗卜窝扬水站。

5.2 空间现状特征

5.2.1 整体布局

罗卜窝村住宅整体属于联排式布局（见图 5.1），中部有一片区域住宅布置无明显规律（民居依道路走向布置，据推测为村中原有老宅基地）。村子边缘地带存在一些布局自由的住宅，但依旧遵循村中整体规划。

图 5.1　罗卜窝村总体布局

5.2.2　街道空间

村内道路多为东西走向，形式自由，外围乡道将村庄规整为方形。南北向主干道长约 1200 m、宽约 6 m，东西主干道（132 乡道）长约 650 m、宽约 6 m。132 乡道向东跨越双城河连接鸦丰公路。

村中次要道路宽 3 m，宅间路为 2~3 m，周边民居依路而建，排列整齐，如图 5.2 和图 5.3 所示。

图 5.2　次干道

图 5.3　宅间路两边住宅

主干道与两侧房屋宽高比为 2∶1，主干道为混凝土材质，两侧基本为硬质土壤，是停车休憩的主要空间。宅间小路材质也为混凝土，小路两侧村民植树或种植瓜果菜蔬供自家食用。

5.2.3 节点空间

村内有一处供人们日常活动的广场。广场内有供村民日常休闲、健身、娱乐的体育设施，面积大约 300 m²。

根据季节以及农业活动，广场的使用率相差较大，一般夏季及冬季的傍晚，广场的使用率最高。村庄里面的一些古建筑门楼，是冀东地区比较有特色的建筑。

5.2.4 住宅建筑现状

村内有几座震前遗留民居，临街设门楼（见图 5.4 和图 5.5），正中为三间正房。震前建筑多以土坯砖为围护结构（见图 5.6 和图 5.7），以木构梁柱承重。南立面开大窗，北立面不开窗，屋顶铺设小青瓦。建筑墙体勒脚使用青砖以防潮。

图 5.4 门楼形式一　　　　　　　　图 5.5 门楼形式二

图 5.6 土坯建筑一　　　　　　　　图 5.7 土坯建筑二

村内现存大多数建筑为 20 世纪八九十年代的建筑和近十年新建建筑，均为青砖和红砖材质的砖混结构硬山顶建筑或平顶建筑，屋顶铺设红色缸瓦，如图 5.8~ 图 5.11 所示。

图 5.8 临街门楼

图 5.9 街景一

图 5.10 街景二

图 5.11 影壁

村内建筑正房大多为三间，进深 8 m、面宽 12 m，家庭人口平均为 3.9 人，人均居住面积约 25 m²。宅基地平均为三分地，即人均宅基地面积约 51 m²。

建筑大多为砖混结构，部分为木构梁柱体系。建筑质量整体良好，房屋都有人居住，可以满足生活需求。

村内建筑整体偏西南向，临街住宅多东西向并排建造，临街开设大门，方便进出。南北住宅多两户正对。

村内建筑多有前院、无后院，正房直接临街设门。建筑南立面多开大窗，北立面开小窗，有利于穿堂风的形成以及冬季的室内采暖。当心间南北向各开一门，有利于穿堂风的形成，以降低夏季室内温度。建筑结构墙体外通常抹灰，用来装饰及保温防潮。建筑装饰方式多样，有的裸露青砖结构，在山墙部位以青砖拼装几何图案；有的在墙体外表面直接抹灰。

5.2.5 用地情况

村民以农业生产为主要经济来源，农业产品主要有小麦、玉米、大葱等。粮食年产量为 311.65 万 kg，皮棉为 0.63 万 kg，蔬菜为 430.5 万 kg，芦苇为 54.07 万 kg。无工业用地情况。

5.2.6 公共服务设施情况

村内有村委会、警务室，还有一处卫生所，即窝洛沽镇萝卜窝村卫生室。村中主干道旁有多家小卖部。村内无教育设施，有一处活动广场。

5.2.7 道路交通情况

多数村民选择乘坐公共交通出行，在村内活动则以骑电动车为主，较少骑自行车。交通方式分布如图 5.12 所示。

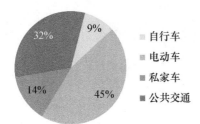

图 5.12 交通方式分布   图 5.13 主次干道

村中主次干道均已硬化，主干道道路质量整体较好，路面较整洁（见图 5.13～图 5.15）。次干道由于车辆长期碾压，部分路面出现了裂缝；少部分小路仍为土路。

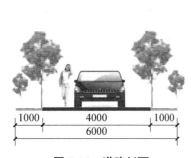

图 5.14 道路剖面   图 5.15 道路使用情况

村中无固定停车位，车辆多随意停在路边，或停在自家院落内（见图 5.16）。村中有连接城乡的公共交通，无固定停车点。

图 5.16 停车设施情况

5.2.8 基础设施情况

村中用水主要为自来水；农田基本不进行人工灌溉。村中实行水卡缴费。电话、手机全村普及。全村网络普及率约 60%，多为中青年人使用。

5.3 经济现状特征

5.3.1 村民收支状况

村民主要收入来源为种植农作物；支出主要为子女教育和个体投资，村民可参加"新农合"来降低医疗费用。收入来源和支出占比如图 5.17 和图 5.18 所示。

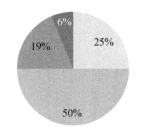

▨ 个体 ▨ 务农 ▨ 服务业 ▧ 其他

图 5.17 收入来源占比

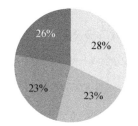

▨ 子女教育 ▨ 老人医疗 ▨ 日常生活 ▧ 个体投资

图 5.18 支出占比

5.3.2 产业结构特征

村内以第一产业为主，主要种植玉米、小麦；20年前村中广植水稻，双城河岸多植芦苇。村中有第二、第三产业，但规模较小。个体企业有米面加工、汽车运输、综合门市部等。从业人数占比如图5.19所示。

5.3.3 能源结构特征

村民夏季主要用电和煤气，冬季用煤和柴。冬季能源占比如图5.20所示。村民做饭大多使用煤气灶和电磁炉，村民认为电磁炉比较方便；少数上了年纪的村民依旧烧柴做饭。

图5.19　从业人数占比	图5.20　冬季能源占比

5.4 社会现状特征

5.4.1 人口及家庭结构特征

全村人口数量2950人，总户数750户，户均约3.9人。该村家庭规模普遍较大，家庭成员总数一般为2~5人，家庭结构以空巢家庭为主，隔代家庭次之。村内老年人相对较多，大部分年轻人在外务工或上学，无留守儿童。家庭规模比例和家庭结构比例分布如图5.21和图5.22所示。

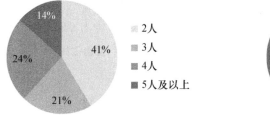 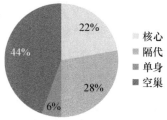

图5.21　村内家庭规模比例分布	图5.22　村内家庭结构比例分布

5.4.2　劳动力从业情况

村中主要劳动力为农业劳动力,以种植业与养殖业为主;部分村民为工人,在附近矿厂工作;少部分村民为三产服务人员,以开设超市、小卖部为主。劳动力从业情况如图 5.23 所示。

5.4.3　村民受教育情况

据多次调查,村民受教育程度普遍偏低,尤其是生于 1973 年之前的村民,基本上为初中及以下文化程度,极少数为高中及以上学历。学历较高者多为在外工作或上学的年轻人。村民受教育情况如图 5.24 所示。

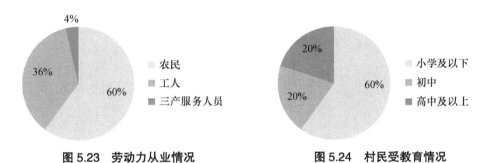

| 图 5.23　劳动力从业情况 | 图 5.24　村民受教育情况 |

5.4.4　社会保障福利

村中绝大多数村民有医保。

5.5　文化现状特征

据调研内容,明永乐二年(1404 年),李氏迁民搭窝铺于立庄。当时因为立庄处缺水,挪窝铺至现址,故名挪窝铺,后谐音改成罗卜窝。1953 年,罗卜窝村属五区湘子乡。1962 年改为流涧头人民公社罗卜窝大队。1993 年划归潮洛窝乡,称罗卜窝村民委员会。

第6章

玉田县郭家屯镇四角山村现状调研报告

6.1 概述

6.1.1 区位

四角山村位于河北省玉田县郭家屯镇，距离玉田县人民政府 10 km 车程，位于县城东北 10 km 处，距镇区 1 km。村庄东侧有 264 省道经过，交通较为便利。周围有阮庄子村、麦坡村、邢家坞村。

6.1.2 自然条件

四角山村四面环山，风景秀丽，适宜种植。村内主要种植果树，如苹果、桃、梨、核桃，少量种植玉米。

6.2 空间现状特征

6.2.1 整体布局

村内道路系统自由、灵动。四角山村四面环山，村庄形态依山势发展。2016 年，四角山村被列为河北省级美丽乡村建设重点村。民居大多为联排式布局，但并非正南朝向，而是有一定角度的偏转（见图 6.1）。

图 6.1　四角山村整体布局

6.2.2　街道空间

村内南北向主要道路长 358 m、宽 5 m，东西向主要道路长 486 m、宽 7 m，路面为混凝土材质，较为平整。主干道与两侧房屋宽高比约 2∶1，能保证两辆车同时通过。村中次要道路宽 3.5 m。

村庄为美丽乡村建设重点村，道路状况良好，均已实现硬化，重点道路进行了景观建设，如图 6.2 和图 6.3 所示。

图 6.2　主要道路

图 6.3　次要道路

宅间路宽约 2.5 m，道路两旁均有行道树。村中道路质量良好，景观优美，村民对村内道路建设满意度高，如图 6.4 和图 6.5 所示。

图 6.4　宅间路

图 6.5　入户处

6.2.3　节点空间

　　村内有一处供村民日常活动的广场，如图 6.6 和图 6.7 所示。

　　广场内有供村民日常休闲健身娱乐的体育设施，面积大约 500 m^2。

图 6.6　村内广场

图 6.7　村内广场设施

　　根据季节以及农业活动，广场的使用率相差较大，一般夏季及冬季的傍晚，广场的使用率最高。

　　村中古树具体年数未知，估计有五六百年。古树周边修建了村民活动广场（见图 6.8），环境优美，适宜居住，该村西北两面环山（见图 6.9），村附近有一座寺庙名为龙隐寺。

图 6.8　古树

图 6.9　山景

6.2.4　住宅建筑现状

　　四角山村属于美丽乡村践行村，村内经过全面规划，将墙面统一刷白，并沿街绘制壁画；村内有多处景观节点，对古井、古树等都做了景观设计。村内现存建筑有震后第一批标准前后院民居、20 世纪 90 年代建筑和近十年新建建筑。

　　村内现存部分地震前后的建筑，由青砖和土坯砖砌筑，均已无人居住。

　　20 世纪 90 年代建筑最为特殊，为增大建筑面积，多在建筑北侧直接加后厦，并在北侧当心间开门。建筑均为红砖材质的砖混结构硬山顶建筑，屋顶铺设小青瓦，立面装饰水刷石或贴瓷砖。临街建筑为平屋顶与坡屋顶相结合的硬山顶建筑，并在内部吊顶，以增强建筑的隔热保温性能；宅基地共四分地，面宽三间，东西长 11.4 m，其中当心间面宽 6.5 m，左右卧室对称；进深共 10.5 m，其中抱厦部分进深 4 m，硬山顶部分进深 6.5 m，如图 6.10~ 图 6.15 所示。

图 6.10　门楼

图 6.11　第一进院落

图 6.12　临街门楼

图 6.13　正房

图 6.14　单间厢房

图 6.15　土坯砖墙

村内的近十年新建建筑中，少数为二层楼房，多数为单层建筑，如图 6.16~ 图 6.19 所示。新建建筑的标准形式为临街建倒座房或门楼，前院两侧建厢房，正中位置建正房，正房北侧为后院。建筑多为红砖材质的砖混结构硬山顶建筑，屋顶铺设红色缸瓦，墙外贴白色瓷砖进行装饰。

村内建筑正房大多为三间，进深 10 m，面宽 12 m，家庭人口平均 3.6 人，人均居住面积约 33 m²。宅基地平均三分地，即人均宅基地面积约 56 m²。建筑均为砖混结构。建筑墙体材质有青砖、红砖、土坯砖三种，屋顶瓦有小青瓦、缸瓦两种。建筑质量整体良好，多数房屋都有人居住，可以满足生活需求。

图 6.16 倒座房

图 6.17 标准宅院

图 6.18 二层楼房

图 6.19 街景

村内建筑整体偏西南向，临街住宅多东西向并排建造，临街开设大门，方便进出。南北住宅多两户正对，多有前后院。

建筑南立面多开大窗，北立面开小窗，有利于穿堂风的形成以及冬季的室内采暖。当心间南北向各开一门，有利于穿堂风的形成，以降低夏季室内温度。建筑结构墙体外通常抹灰，用来装饰及保温防潮。

建筑装饰方式多样，有的裸露青砖结构，在山墙部位以青砖拼装几何图案；有的在墙体外表面直接抹灰；也有的在墙体外表面贴白色瓷砖。

6.2.5 用地情况

村内主要种植果树，如苹果、桃、梨、核桃，少量种植玉米。

6.2.6 公共服务设施情况

村内有村委会、警务室，还有一处卫生所，即郭家屯镇四角山村卫生室。村中主干道旁有多家小卖部。村内有一处活动广场。

6.2.7 道路交通情况

多数村民选择乘坐公交车出行，在村内活动则以骑电动车为主，较少骑自行车；道路形式为单行道。交通方式分布和主次干道如图 6.20 和图 6.21 所示。

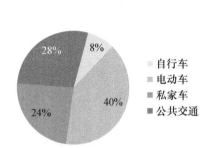

图 6.20　交通方式分布　　　　　　　图 6.21　主次干道

村中主次干道均已硬化，整体质量较好，只有小部分路面出现了裂缝；绝大部分小路也已硬化，极少数田间小路仍为土路，雨天多泥泞。道路剖面图和道路使用情况如图 6.22 和图 6.23 所示。

村中无固定停车位，车辆多随意停在路边，或停在自家院落内。

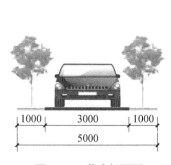

图 6.22　道路剖面图　　　　　　　图 6.23　道路使用情况

6.2.8 基础设施情况

村中用水主要为自来水。村中实行水卡缴费。电话、手机全村普及全村网络普及率约 70%，多为中青年人使用。村中有固定垃圾倾倒点，定期有专人清理。

6.3 经济现状特征

6.3.1 村民收支状况

村民主要收入来源为种植果树。近些年，政府正在将该村建设成旅游文明村。支出主要为子女教育、农业投资、老人医疗和日常生活，"新农合"普及率较高，减轻了村民医疗负担。收入来源和支出占比如图 6.24 和图 6.25 所示。

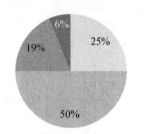

图 6.24　收入来源占比

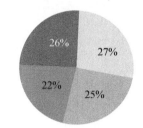

图 6.25　支出占比

6.3.2 产业结构特征

村内以第一产业为主，村民主要种植果树（苹果、桃、梨），少量种植玉米和核桃。村民自己寻找销售渠道，没有外地人来收购。村中较少进行养殖活动，由于动物粪便较少导致沼气池废弃。第二、三产业不发达，但村旁的龙隐寺具有深厚的文化底蕴，有利于村中发展旅游业。从业人数占比如图 6.26 所示。

6.3.3 能源结构特征

村民夏季主要使用电和煤气做饭，冬季主要依靠烧煤和柴取暖、做饭。冬季能源占比如图 6.27 所示。

图 6.26 从业人数占比

图 6.27 冬季能源占比

6.4 社会现状特征

6.4.1 人口及家庭结构情况

全村人口数量 838 人，总户数 230 户，户均约 3.6 人。该村家庭规模普遍较大，家庭成员总数一般为 2~5 人，家庭结构以空巢家庭为主，隔代家庭次之。村内老年人相对较多，大部分年轻人在外务工或上学，无留守儿童。村内家庭规模与结构比例分布如图 6.28 和图 6.29 所示。

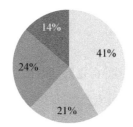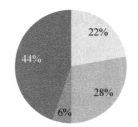

图 6.28 村内家庭规模比例

图 6.29 村内家庭结构比例

6.4.2 劳动力从业情况

村中主要劳动力为农业劳动力，以从事种植业与养殖业为主；部分村民为工人，在村内果品基地工作；少部分村民为三产服务人员，以开设超市、小卖部为主。劳动力从业情况如图 6.30 所示。

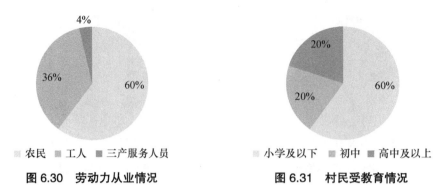

图 6.30　劳动力从业情况　　　　图 6.31　村民受教育情况

6.4.3　村民受教育情况

据多次调查，农村受教育程度普遍偏低，尤其是出生于 1973 年之前的村民，基本上为初中及以下文化程度，极少数为高中及以上学历。学历较高者多为在外工作或上学的年轻人，如图 6.31 所示。

6.4.4　社会保障福利

村中绝大多数村民有医保。

6.5　文化现状特征

四角山村历史文化底蕴深厚，村中有一棵古树（见图 6.32），现在古树周边修建了村民活动广场，其附近建成约 56 年的古井被改造成为景观小品（见图 6.33），村旁的龙隐寺具有浓厚的文化底蕴，有利于本村发展旅游业。

图 6.32　村中古树　　　　　　　图 6.33　古树旁的水井

第 7 章

玉田县大安镇大南庄村现状调研报告

7.1 概述

7.1.1 区位

大南庄村位于河北省玉田县西部，距玉田县人民政府 21 km 车程，距京秦高速 1.6 km，郭新线穿过村庄，交通比较便利。大南庄村位于一片村庄群之中，与后屯村、大安镇村、吉家行村、后窑村相连。

7.1.2 自然条件

大南庄村隶属玉田县大安镇，地势平坦。村内主要种植黄椒、红苹果、奇异果、卷心菜、小青南瓜、水稻、大芋头、山药。村内的矿产资源有芒硝、脆硫锑铅矿、耐火黏土。

7.2 空间现状特征

7.2.1 街道空间

村内南北向主要道路长 1.5 km、宽 4 m，东西向主要道路长 437 m、宽 6 m。郭新线为沥青路面，道路平整，道路两旁有行道树。村内道路路面为混凝土材质，较为平整。村中次要道路宽 3 m，道路为多年前修葺的，部分路面有所损坏。主要道路和次要道路如图 7.1 和图 7.2 所示。

　　宅间路宽约 2 m，修路年份较早，混凝土比较薄，道路有所损坏。村中少部分路未修葺。村中道路基本实现户户通，如图 7.3 和图 7.4 所示。

图 7.1　主要道路（郭新线）

图 7.2　次要道路

图 7.3　宅间小路

图 7.4　乡间土路

7.2.2　住宅建筑现状

　　村内建筑多为标准前后院建筑。新建建筑多为"三六间"。

　　村内一处近十年新建建筑特色鲜明，宅基地约 800 m²，长约 53 m、宽 15 m，入口大门为四间倒座房，从左到右依次为两间卧室、主入口及储藏间；往南是条形院落，院子西侧为储藏杂物的棚屋及淋浴间，再往南是正房建筑，有卧室和厨房；正房建筑为红砖材质的砖混结构硬山顶建筑，屋顶铺设红色缸瓦。主体建筑南端为后院，院内栽植两棵果树，最南端为门楼建筑，从左到右分别为储物棚、大门及厕所。该建筑如图 7.5~ 图 7.10 所示。

图 7.5　北侧倒座房

图 7.6　正房北立面

图 7.7　杂物棚

图 7.8　建筑室内

图 7.9　南侧临街门楼

图 7.10　正房南立面

村内现存的大多数建筑为 20 世纪八九十年代的震后恢复建筑，均为青砖或红砖材质的砖混结构硬山顶建筑，屋顶铺设小青瓦或红色缸瓦，如图 7.11~图 7.14 所示。

图 7.11　标准院院子

图 7.12　标准院入口

图 7.13　标准院大门

图 7.14　正房建筑

村内建筑正房大多为五间，进深 6 m、面宽 20 m，家庭人口平均 3.7 人，人均居住面积约 33 m²。宅基地平均为五分地，即人均宅基地面积约 90 m²。

建筑均为砖混结构。建筑质量整体良好，房屋都有人居住，可以满足生活需求。

村内建筑整体坐北朝南，临街住宅多东西向并排建造，临街开设大门，方便进出。南北住宅多两户正对，多有前后院。

建筑南立面多开大窗，北立面开小窗，有利于穿堂风的形成以及冬季室内采暖。当心间南北向各开一门，有利于穿堂风的形成，以降低夏季室内温度。建筑结构墙体外通常抹灰，用来装饰及保温防潮。

建筑装饰方式多样，有的裸露青砖结构，在山墙部位以青砖拼装几何图案；有的在墙体外表面直接抹灰。

7.2.3　用地情况

村民主要种植果树，如苹果、桃、梨、核桃，少量种植玉米。

7.2.4　公共服务设施情况

村内有村委会、警务室，还有一处卫生所，即大安镇大南庄村卫生室。沿村中主干道有多家小卖部。村子和周围几个村子共用一所幼儿园、小学及初中。

7.2.5　道路交通情况

多数村民选择骑摩托车和电动车出行，在村内活动则以骑电动车为主（见图 7.15）；道路形式为单行道。村中主次干道均已硬化，由于车辆的长期碾压，部分路面出现了裂缝；极少数小路仍为土路（见图 7.16~ 图 7.18）。村中无固定停车位，车辆多随意停在路边，或停在自家院落内。

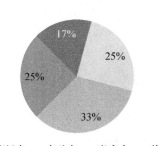

图 7.15　交通方式分布

图 7.16　主次干道

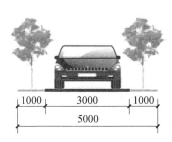

图 7.17　道路剖面图

图 7.18　道路使用情况

7.2.6　基础设施情况

　　村中用水主要为自来水，但每日限时供水；农田基本不采用人工灌溉。村中实行水卡缴费。电话、手机全村普及。全村网络普及率约 65%，多为中青年人使用。村中有固定垃圾倾倒点。

7.3　经济现状特征

7.3.1　村民收支状况

　　村民主要收入来源为务农和外出务工所得，支出主要为子女教育、老人医疗。"新农合"普及率较高，减轻了村民的医疗负担。收入来源和支出占比如图 7.19 和图 7.20 所示。

图 7.19　收入来源占比　　　　　图 7.20　支出占比

7.3.2　产业结构特征

村内以第一产业为主，村民多种植白菜、土豆；村中较少进行养殖活动，由于动物粪便较少导致沼气池废弃。第二、三产业不发达，村内企业有建筑预制构件厂、建筑材料厂，村中仅有一家修理电器的个体维修点。从业人数占比如图 7.21 所示。

7.3.3　能源结构特征

村民夏季主要用电做饭，煤气使用未普及；冬季主要靠烧煤和植物废料取暖、做饭，烧煤主要是加热火炕。村中电和柴的使用率相当。冬季能源占比如图 7.22 所示。

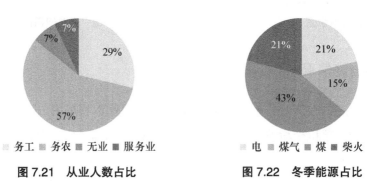

图 7.21　从业人数占比　　　　　图 7.22　冬季能源占比

7.4　社会现状特征

7.4.1　人口及家庭结构情况

全村人口数量约 550 人，总户数约 150 户，户均约 3.7 人。该村家庭规模普遍较大，家庭人员总数一般为 3~8 人，家庭结构以隔代家庭为主，核心家庭次之。村内老年人相对较多，大部分年轻人在外务工或上学，无留守儿童。村内家庭规模比例和家庭结构比例如图 7.23 和图 7.24 所示。

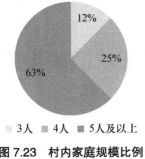

图 7.23　村内家庭规模比例

图 7.24　村内家庭结构比例

7.4.2　劳动力从业情况

村中主要劳动力为农业劳动力，以从事种植业与养殖业为主；一小部分村民为工人，在附近构件厂、建筑材料厂工作；极少数村民为三产服务人员，以开设超市、小卖部为主。

7.4.3　村民受教育情况

据调查，村民受教育程度普遍偏低，尤其是出生于 1973 年之前的村民，基本上为初中及以下文化程度，极少数为高中及以上学历。学历较高者多为在外工作或上学的年轻人。

7.5　文化现状特征

大南村庄历史文化底蕴较浅，村中没有历史文化遗迹。

第8章

丰润区李钊庄镇小铺村现状调研报告

8.1 概述

8.1.1 区位

小铺村位于河北省唐山市丰润区南端，隶属李钊庄镇，距唐山站 30 km 车程，紧邻刘宗铺村，被农田包围，距离李钊庄镇政府 7.7 km 车程，北边有 361 省道，交通较为便利。

8.1.2 自然条件

小铺村花团锦簇，天蓝水清，风景如画，物华天宝。村中主要农产品有玉米、苹果，村内矿产资源有珍珠岩等。

8.2 空间现状特征

8.2.1 整体布局

小铺村道路网比较自由（见图 8.1），没有太多曲折环绕，入户门对着村中道路，民居大多为联排式布局，住房经过震后统一规划，家家户户都有前后院，使用方便。

图 8.1　小铺村整体布局

8.2.2　街道空间

村内南北向主要道路长 445 m、宽约 6 m，东西向主要道路长 437 m、宽约 5 m。路面材质为碎石，道路不平整，凹凸起伏。

村中次要道路宽 3 m，道路虽曾修葺，但经过长期的车辆碾压，路面损坏十分严重，下雨后有些道路泥泞难走。村中道路情况如图 8.2~ 图 8.5 所示。

图 8.2　主要道路

图 8.3　次要道路

图 8.4　村中小路及小河

图 8.5　入户处

宅间路宽约 2 m，雨后泥泞难走。村中道路已经实现户户通，但是道路状况不太理想。村民们对道路修葺的愿望比较强烈。

8.2.3　节点空间

村内有一处供村民日常活动的广场，广场占地面积约 400 m²，可作为村民的活动休息中心，设有许多健身器材，如图 8.6 所示。

图 8.6　村内广场

根据季节以及农业活动，广场的使用率相差较大，且受天气的影响较大，一般夏季及冬季的傍晚，广场的使用率最高。

村内的建筑震后重建的较多，房屋大多比较现代化，老式建筑几乎没有，但是保留了较多的建筑布局和建筑风格。

8.2.4　住宅建筑现状

现在的建筑是震后统一规划的，每家分二分半的宅基地，盖三间房，有前后院。该村建筑多为红瓦硬山顶，采用红砖、红板瓦，建筑样式统一，但建筑高度及进深差异较大，因建造年代及自家经济实力和使用需求不同，邻里建筑进深及高度不一，因此出现了"三六间"这一新的建筑平面布局形式。建筑布局多为有前院和后院的标准前后院形式。村内建筑以 20 世纪 90 年代建筑与近十年新建建筑为主。

村内现存少数震后第一批标准前后院硬山顶建筑，三间房，砖混结构，以小青瓦铺设顶部。其独特之处在于承受屋顶重量的南北墙体使用青砖和石头材质，起围护作用的山墙部分使用土坯砖作填充材料，如图 8.7 和图 8.8 所示。

随着经济的发展与建筑功能的增多，村民对建筑的使用面积要求提高，在宅基地大小的限制下，遵循地域建筑传统（当地不流行盖二层楼房，村内均为单层民居建筑），衍生出"三六间"这一新的建筑形式，即建筑面宽三间，进深两间。建筑一般面宽 12 m，进深 8~10 m。村内现存的"三六间"建筑多为红砖材质的砖混结构硬山顶建筑，墙体外部贴白色瓷砖，屋顶铺设红色缸瓦。临街的门楼，基本没有任何装饰，简单实用。建筑布局多为有前后院的标准前后院形式，前院有厢房或简易棚，用来放置粮食或杂物。后院虽不设后门与院墙，但仍保留后院的形式，多种植瓜果蔬菜，如图 8.9~ 图 8.12 所示。

图 8.7　硬山顶建筑

图 8.8　墀头

图 8.9　"三六间"建筑外部

图 8.10　"三六间"建筑内部

图 8.11 "三六间"建筑样式

图 8.12 标准形式

村内现存的 20 世纪 90 年代建筑多为红砖材质的砖混结构硬山顶建筑，硬山顶建筑屋顶铺设红色缸瓦或小青瓦，很少有多余的装饰，如图 8.13 和图 8.14 所示。

图 8.13 20 世纪 90 年代建筑

图 8.14 建筑山墙

村内建筑正房大多为三间，进深 8 m、面宽 12 m，家庭人口平均约 3 人，人均居住面积 32 m²。宅基地平均二分半地，即人均宅基地面积约 56 m²。

建筑均为砖混结构。建筑墙体材质有青砖、红砖、土坯砖和石材四种，屋顶瓦有小青瓦、缸瓦两种。

建筑质量整体良好，房屋都有人居住，可以满足生活需求。村内建筑整体偏西南向，临街住宅多东西向并排建造，临街开设大门，方便进出。南北住宅多两户正对。

该村住宅布局均为单院，有前后院。建筑南立面大面积开窗，北立面开小窗，有利于穿堂风的形成以及冬季的室内采暖。当心间南北向各开一门，有利于穿堂风的形成，以降低夏季室内温度。建筑结构墙体外通常抹灰或贴砖，用来保温防潮。建筑装饰较为单一，主要用红砖和红瓦，比较统一、自然。

8.2.5　用地情况

村民以农业生产为主要经济来源，农产品主要有玉米、小麦、花生、高粱、芝麻、绿豆等；还有村民养殖猪、牛、羊、鸡。

8.2.6　公共服务设施情况

村内有村委会、警务室，还有一处卫生所，即李钊庄镇小铺村第一卫生室。

村内有固定的集市，每五天开集一次；村中主干道旁有多家小卖部、粮食收购站及小型餐饮场所等。村内有一处活动广场。

8.2.7　道路交通情况

交通出行方式多样，村民多骑自行车、摩托车、电动车，少数人开私家车（见图 8.15）。村中有班车通往县城。道路形式为双向单车道，如图 8.16 和图 8.17 所示。

村中主干道虽然已经修过，但由于车辆的长期碾压造成了不同程度的毁坏（见图 8.18）。次干道道路质量一般，部分道路为土路，雨后多泥泞。

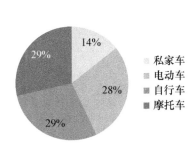

图 8.15　交通方式分布

图 8.16　主次干道

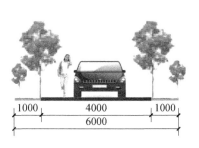

图 8.17　道路剖面图

图 8.18　道路使用情况

8.2.8 基础设施情况

村中用水主要为自来水。农田使用地表水灌溉。村中实行水卡缴费。电话、手机全村普及。全村网络普及率约55%，多为中青年人使用，老年人几乎不使用网络。

8.3 经济现状特征

8.3.1 村民收支状况

村民主要收入来源为务农所得，部分村民外出务工。支出主要为子女教育、老人医疗以及日常生活开支，三者比例基本持平。村内"新农合"普及率较高。村内虽有医务室但村医经常不在，看病不方便。收入来源与支出占比如图8.19和图8.20所示。

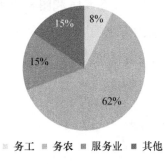
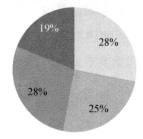

图 8.19　收入来源占比　　　　图 8.20　支出占比

8.3.2 产业结构特征

村内以第一产业为主，村民主要种植玉米，较少进行养殖活动。村中有预制厂、水泥厂、纯净水厂、皮鞋厂等。村中定期设集市，吸引了四面八方的人来赶集。从业人数占比如图8.21所示。

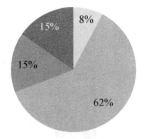

图 8.21　从业人数占比

8.3.3　能源结构特征

村民烧柴做饭，柴火包括玉米秸秆、花生秧；冬季取暖使用无烟煤，大多数家庭仍把煤和柴作为生活能源，如图 8.22~ 图 8.24 所示。

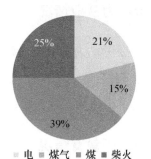

图 8.22　冬季能源占比

图 8.23　玉米秆

图 8.24　村民家中储存的煤

8.4　社会现状特征

8.4.1　人口及家庭结构情况

全村人口为 800 多人，总户数约 270 户，户均约 3 人。该村家庭规模普遍较大，家庭人员总数一般为 3~9 人，以核心家庭为主，隔代家庭次之。村内老年人较多，大部分年轻人在外务工或上学，无留守儿童。村内家庭规模与家庭结构比例如图 8.25 和图 8.26 所示。

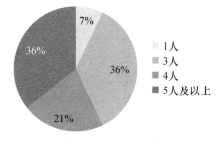

图 8.25　村内家庭规模比例

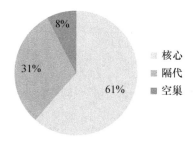

图 8.26　村内家庭结构比例

8.4.2 劳动力从业情况

村中主要劳动力为农业劳动力，以从事种植业与养殖业为主；少数为工人，在附近预制厂、皮鞋厂、纯净水厂、水泥厂工作；一部分为三产服务人员，以开设超市、小卖部为主；少数为无业人员。劳动力从业情况如图 8.27 所示。

8.4.3 村民受教育情况

据多次调查，村民受教育程度普遍偏低，尤其是 60 岁以上的村民，文化程度基本上为初中及以下，极少数为高中及以上学历。学历较高者多为在外工作或上学的年轻人，村民受教育情况如图 8.28 所示。

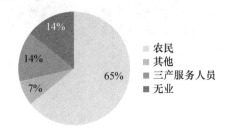
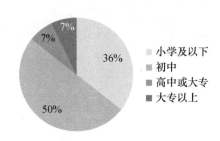

图 8.27　劳动力从业情况　　　　图 8.28　村民受教育情况

8.4.4 社会保障福利

绝大多数村民享有医保。

8.5 文化现状特征

小铺村历史文化底蕴较浅，经过地震后的重新规划，建筑多为红砖房，如图 8.29 和图 8.30 所示。村中几乎没有有特色的历史文化遗迹，无自然或人工景观小品。

图 8.29　红砖房　　　　　　　图 8.30　民宅内部

第 9 章

丰润区岔河镇三神庄村现状调研报告

9.1　概述

9.1.1　区位

三神庄村位于河北省唐山市丰润区岔河镇，距岔河镇 6.5 km，距油葫芦泊水库（被河北省列为黄淮海综合开发重点项目工程）7.6 km，邻近唐山市。北邻 361 省道，南侧紧邻唐廊高速，东临京秦铁路支线，260 乡道穿过村庄，对外交通便利。三神庄村南北均为农田，东侧为王各庄四村，西侧紧邻大齐坨村和小齐坨村。

9.1.2　自然条件

三神庄村位于唐山市西 18.3 km 处，地势平坦。三神庄村属于暖温带大陆性季风气候，四季分明，冬冷夏热，年温差大，降水集中，年降水量较少，主要集中在夏季。矿产资源丰富，盛产红宝石、沙土、石墨、石膏、锆石等。

9.2　空间现状特征

9.2.1　整体布局

三神庄村沿 260 乡道呈东西之势展开，布局较为规整，民居呈带状分布。住宅组合规划严整，一部分住宅临路而建，另一部分住宅混合布置。主路两侧基本上都是倒座房，少数是二层住宅（底层商业，二层居住），这种做法减少了主路噪声对居住环境的影响，村庄布局如图 9.1~ 图 9.4 所示。

图 9.1 三神庄村总体布局

图 9.2 联排布置

图 9.3 混合布置

图 9.4 独栋布置

9.2.2 街道空间

三神庄村规划建设较为系统，居住用地布局规整，呈网格状，路网密度较高。道路运行通畅，道路路面等级普遍较高，材质为混凝土，道路硬化率达到 85%。村内有 260 乡道穿过，长 1.3 km，与其他道路呈十字交叉状，如图 9.5 和图 9.6 所示。

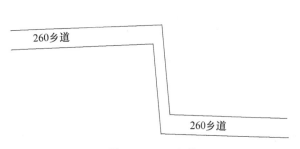

图 9.5 260 乡道

图 9.6 260 乡道两旁住宅

村中主要道路（260 乡道）宽 6 m。在三神庄村委会东侧，该道路由东西向转变为南北向，将近 100 m 后变为原来的方向。

次要道路宽 4 m，宅间路宽约 3.5 m。宅间小路分布在住宅侧面，因为院子跨度较长，房屋高度较高，宅间小路在视觉比例上有些许失衡，会令人产生压迫感。

主干道与两侧房屋宽高比为 2∶1，各家门前有混凝土坡道通往院内，坡道和道路有明显的分界线，坡道部分可停车辆。有些地方为了区分道路与住宅私人用地，边界部分用混凝土高台砌筑，以限定范围。划分出来的部分主要用来堆放农作物，同时，也是邻里之间交流的空间。主干道两侧情况、次要道路、宅间小路如图 9.7~ 图 9.9 所示。

图 9.7　主干道两侧情况

图 9.8　次要道路

图 9.9　宅间小路

9.2.3　节点空间

村内有两处开放的广场，一处位于村委会附近，广场内有健身设施；另一处为开阔地，水泥地面，供村民活动，如图 9.10 和图 9.11 所示。

村委会旁的广场有供村民日常休闲、健身、娱乐的体育设施，面积约 600 m²，村南的广场无设施，供村民跳广场舞、打羽毛球、打牌等。

图 9.10　村内广场一

图 9.11　村内广场二

根据季节以及农业活动，广场的使用率相差较大。因广场上无任何树木及遮阳措施，极端天气时使用不便。

村内古树旁有一块石碑，记载了这棵古树大概有四五百年历史。现在，古树成为受保护的文物。

9.2.4　住宅建筑现状

村中震前的房屋都是硬山顶建筑，震后的基本上是平房。村内建筑根据年代的不同，主要分成两大类，即 20 世纪 90 年代建筑和近十年新建的建筑。建筑的材质、院落布局形式基本一致，正房三间，有前院无后院。南侧临街处盖门楼或倒座房，如图 9.12 和图 9.13 所示。

图 9.12　临街门楼

图 9.13　倒座房

20 世纪 90 年代建造的建筑均以红砖为主要材质，砖混结构，囤顶或硬山顶，正房三间。内部为抬梁式构架，硬山顶建筑屋顶铺设红色缸瓦。部分建筑外表皮作水刷石抹面，建筑勒脚部分为石头材质，用水泥勾缝。红砖和囤顶硬山顶建筑如图 9.14 和图 9.15 所示。

图 9.14 红砖硬山顶建筑

图 9.15 囤顶硬山顶建筑

近十年新建的建筑以红砖为主要材质，是砖混结构的平顶建筑，现浇屋顶，墙体外表面贴白色瓷砖作装饰，正房与倒座房均为三间，如图 9.16~ 图 9.19 所示。

图 9.16 现浇平顶建筑

图 9.17 临街门楼建筑

图 9.18 临街倒座房建筑

图 9.19 村内街景

村内建筑三间房居多，建筑多进深 6 m、面宽 12 m，家庭人口平均约为 3 人，人均居住面积 24 m²。宅基地多为三分，人均宅基地面积约 67 m²。

建筑墙体材质有青砖、红砖两种，屋顶材质有缸瓦和渣滓顶两种。村内的建筑大都是 20 世纪 90 年代后新建建筑，仅一两处震后第一批建筑。建筑质量整体较好，房屋基本上都有人居住，可以满足生活需求。临街住宅多东西向并排建造，临街开设大门，方便进出。南北住宅多两户正对。住宅与院落在功能上互补，在空间上联通。

该村住宅布局均为单院院落，只有前院无后院。建筑南立面多开大窗，北立面开小窗，有利于穿堂风的形成以及冬季的室内采暖。当心间南北向各开一门，有利于穿堂风的形成，以降低夏季室内温度。建筑墙体外通常抹灰或贴瓷砖，用来装饰及保温防潮。建筑装饰方式单一，直接将砖材质肌理裸露，少数建筑在建筑外表面作水刷石装饰，新建建筑外表面贴瓷砖。

9.2.5　用地情况

村民以农业生产为主要经济来源，农业产品主要有玉米、大葱等，无大规模的种植和养殖业。村子中部有一块工业用地，占地约 29 亩，现已废弃。

9.2.6　公共服务设施情况

村内有村委会、警务室，还有一处卫生所，即岔河镇三神庄卫生所。村中主干道旁有多家小卖部。村内有一家幼儿园，仅有十多个学生。

9.2.7　道路交通情况

交通出行方式多样，村民多骑自行车，少数骑摩托车，村中有公交车通往城区。道路形式为双向单车道。交通方式分布与主次干道如图 9.20 和图 9.21 所示。

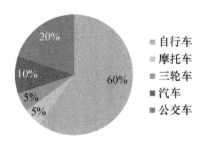

图 9.20　交通方式分布

图 9.21　主次干道

村中道路质量良好，为混凝土路面；通往农田的道路较泥泞，通行感受差。村中无固定停车位，车辆多停在自家院子里或随意停在路边。道路剖面图和道路使用情况如图 9.22 和图 9.23 所示。

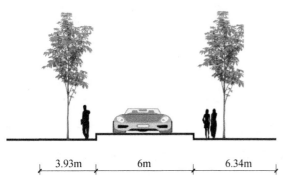

3.93m　　6m　　6.34m

图 9.22　道路剖面图

图 9.23　道路使用情况

9.2.8　基础设施情况

村民原把井水作为生活用水，后改用自来水。饮用自来水无须缴纳水费，供应时间一般为早六点到七点和晚六点到七点。村民多使用水缸储存饮用水。农田灌溉使用井水。村内有电网系统，且全村普及，实行电卡缴费。电话、手机全村普及。全村网络普及率约 40%，多为中青年人使用，老年人不使用网络。村中各个路口均设有广播设施。

村内有固定垃圾箱，定期有专人来清理，如图 9.24 所示。村中每户都有独立厕所，无公共厕所；粪便排入自家粪池，每户各自定期清理，如图 9.25 所示。

图 9.24　垃圾回收方式

图 9.25　独立厕所

9.3 经济现状特征

9.3.1 村民收支状况

村民主要收入来源为在附近的钢厂务工和务农所得；支出主要为子女教育和日常生活，村民可参加"新农合"来降低医疗费用。收入来源和支出占比如图 9.26 和图 9.27 所示。

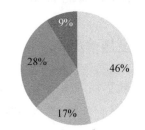

图 9.26　收入来源占比　　　　　图 9.27　支出占比

9.3.2 产业结构特征

村内以农业、畜牧业为主，服务业为辅，超市数量较多。从业人数占比如图 9.28 所示。

9.3.3 能源结构特征

村民夏季主要用电和太阳能，冬季烧煤和柴，如图 9.29~ 图 9.31 所示。

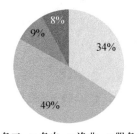

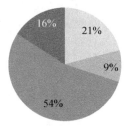

图 9.28　从业人数占比　　　　　图 9.29　冬季能源占比

图 9.30　各家各户屋顶的太阳能

图 9.31　燃气

　　村中居民对生活垃圾的处理方式、饮用水质量和煤改气等政策都十分满意。近几年，村内发生了巨大变化。

9.4　社会现状特征

9.4.1　人口及家庭结构情况

　　该村家庭规模普遍较大，家庭人员总数一般为 5~8 人，隔代家庭与核心家庭居多。村内老年人较多，大部分年轻人在外务工或上学，无留守儿童。村内家庭规模和家庭结构比例分布图如图 9.32 和图 9.33 所示。

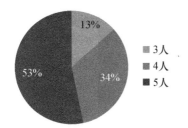

13%
53%
34%

■ 3人
■ 4人
■ 5人

图 9.32　村内家庭规模比例

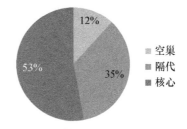

12%
53%
35%

■ 空巢
■ 隔代
■ 核心

图 9.33　村内家庭结构比例

9.4.2　劳动力从业情况

　　村中主要劳动力为农业劳动力，以从事种植业与养殖业为主；少数为工人，在附近钢厂工作；一部分为三产服务人员，以开设超市、小卖部为主；少数为无业人员。

9.4.3　村民受教育情况

　　据调查，村民受教育程度普遍偏低，尤其是 45 岁以上的村民，基本上为小学及其以下文化程度，极少数是初中或高中学历。学历较高者则为在外务工或上学的年轻人。

9.4.4 社会保障福利

绝大多数村民享有医保。该村没有养老院，村内老人较多，其儿女多在外务工。

9.5 文化现状特征

村中之前有一座古庙——"三神庙"，村名"三神庄"由此而来，20 世纪 60 年代遭到毁灭性拆毁，四五棵柏树也被砍伐，只剩下一棵古树。

从大辽至今，这棵值得敬重的古树想必经历了万千沧桑，或有硝烟弥漫，或有风雪摧残，又或许在某个时间，成了某一辈人的生命依托。古树用博爱陪伴村子里的每个人度过了一段无忧无虑的童年时光。无论老少，大家都喜欢到古树下去坐一坐、站一站、看一看，透过古树的茂叶慢慢地品读旭日东升或者夕阳西下的风景。

提起古树时，村里的人都会涌起一股自豪感。古树与乡亲们的情分很深厚。古树周围的建筑换了又换，这片区域的功能也改了又改，但不变的是，这抹绿意从来没有褪色。

村里人的老人们说，古树现在老了，累了，一半活着，一半已经消逝了，仔细瞧瞧，它的心已经空了。这或许是古树在给我们传递一种信息。人活一世，草木一秋，不朽的已成为传奇，当时间磨砺，岁月冲刷，却敌不过生命可贵，只要有阳光，有生机，就放空身心，继续延续灵魂。

或许未来它面对的，是高楼大厦、特色村庄建设，但那抹绿意是永恒的，在某个街角，树干的纹路更迭着时光，一代又一代人的眷恋系在树梢，成为永远的宝藏。古树和消失的三神庙如图 9.34 和图 9.35 所示。

图 9.34　古树　　　　　　　　　图 9.35　消失的三神庙

该村归丰南区管辖，近两年村庄得到大力建设，马路已实现户户通。村内有古树、古墓等历史遗迹，正在规划建设村史馆，具有广阔的发展前景。

第 10 章

丰润区火石营镇火石营西街村现状调研报告

10.1 概述

10.1.1 区位

火石营镇位于河北省唐山市丰润区东北部,是丰润区、迁西县、遵化市三地交界之处。境内有一条高速公路(京秦高速迁西支线),两条县级公路(碾唐线和洪火线)。从丰润城区出发,朝东北方向,沿碾唐线行 25 km,途经刘家营—姜家营—王官营村,即可到达火石营镇。火石营西街村紧邻五凤头村、常峪沟村、前刘城子村、徐庄村。

10.1.2 自然条件

火石营西街村广聚人气,环境优美,历史悠久,风景秀丽。村内资源有耐火黏土、红柱石、符山石。

10.2 空间现状特征

10.2.1 整体布局

火石营西街村沿碾唐线和洪火线道路建设,这两条道路是村中对外联系的主要道路。碾唐线连接东北方向的西马庄户村。村落布局方面,以火石营市场所在的洪火线为中心,向两边呈发散性布局,规律性较弱。村西多为旧村区,建筑形式以平顶为主,坡顶为辅；村东为新村区，对比较明显，如图 10.1 所示。

图 10.1 火石营西街村整体布局

10.2.2 街道空间

村内有两条主要道路（碾唐线和洪火线），碾唐线位于村子东侧，南北向穿过村庄；洪火线南北向从村中穿过。两条道路为县级道路，路面为混凝土材质，较为平整，局部道路有坑洼。主干道与两侧房屋宽高比约 2：1，能保证两辆车同时通过。村内主要道路如图 10.2 所示。

图 10.2 主要道路

次要道路宽约为 7 m，道路较为平整。宅间小路宽约 3 m，有土路与水泥路两种；水泥路路基薄，损坏较为严重，几乎变成了石子路。次要道路和宅间小路如图 10.3 和图 10.4 所示。

图 10.3　次要道路

图 10.4　宅间小路

10.2.3　节点空间

村内有几处开阔的供人们日常活动的广场，主要集中在街道和宅基地前的空地，可作为村内的转运中心和村民的休息中心，也是村民跳广场舞和扭秧歌的场所，如图10.5所示。

图 10.5　村内广场

广场内有供村民日常休闲、健身、娱乐的体育设施，面积约 300 m²。

根据季节以及农业活动，广场的使用率相差较大，且受天气的影响较大，一般夏季及冬季的傍晚，广场的使用率最高。

村旁有一座尼姑庵，清朝始建。村内有许多 20 世纪的建筑和门楼，这在冀东地区别具一番风味。

村内主干道（洪火线）两侧有大量临街商铺，如药房、电信营业厅、超市、电动车专卖店、建材店等。

村中心的火石营市场为一处开阔地，内有大量公共建筑，均为以青砖为主要材质的砖混结构硬山顶建筑，以水泥板瓦铺设顶部，原先均为商业建筑，现已废弃。建筑面向街道，开窗形式自由，如图 10.6~ 图 10.9 所示。

图 10.6　火石营市场大门

图 10.7　火石营市场

图 10.8　火石营市场临街建筑

图 10.9　火石营市场内

10.2.4　住宅建筑现状

村内现存最早的民居多为 20 世纪 90 年代新建的标准前后院民居，多为囤顶。宅基地大小有严格要求。宅基地二点五分地到三分地不等，建房三间到五间不等，多为三间；建筑材质有青砖、红砖、石头等，以白灰抹墙，再在表面作画，内容多为花卉、鸟、山、水、字等，如图 10.10~ 图 10.13 所示。

图 10.10　标准前后院　　　　　　　　图 10.11　装饰壁画

图 10.12　建筑前院　　　　　　　　图 10.13　临街门楼

村内现存大多数建筑为近十年新建建筑，均为红砖材质的砖混结构平顶建筑，临街建倒座房，内有三间正房。建筑墙体表面贴浅色瓷砖作装饰，临街门楼上多贴带有"对联"和"福"字的瓷砖。村内主干道（洪火线）两侧的建筑临干道开门，有的是二层楼房，兼具商业和居住两种功能，形式也与传统民居不同，如图 10.14~ 图 10.17 所示。

村内建筑正房大多三间，进深 6 m、面宽 12 m，家庭人口平均 3.9 人，人均居住面积约 18.5 m²。宅基地平均三分地，人均宅基地面积约 51 m²。

建筑墙体材质有青砖、红砖、石头三种，屋顶瓦有水泥板瓦、红色缸瓦、彩钢瓦三种。

图 10.14　临街门楼

图 10.15　平顶正房

图 10.16　临街倒座房

图 10.17　二层楼房

建筑质量整体良好，除村内已荒废的一些公共建筑外，房屋都有人居住，可以满足生活需求。村内建筑整体偏西南向，临街住宅多东西向并排建造，临街开设大门，方便进出。南北住宅多两户正对。

建筑南立面大面积开窗，北立面开小窗，有利于穿堂风的形成以及冬季的室内采暖。当心间南北向各开一门，有利于穿堂风的形成，以降低夏季室内温度。建筑结构墙体外通常抹灰或贴瓷砖，用来保温防潮。建筑装饰方式多样，一般在外墙抹白灰、水泥或装饰水刷石和瓷砖拼装图案。

10.2.5　用地情况

村民以农业生产为主要经济来源，农业产品主要有玉米、小麦、花生、高粱、芝麻、绿豆、玉米，也有红薯、谷子等。

10.2.6　公共服务设施情况

村内有一座自来水厂，给村民用水带来极大的便利。

村内有村委会、警务室，还有一处卫生所。

村内有固定的集市，每五天开集一次；村中主干道旁有多家小卖部、粮食收购站及小型餐饮场所等。村内还有几处活动广场。

10.2.7 道路交通情况

交通出行方式多样，村民多开私家车，少数骑电动车，村中有班车通往县城；道路形式为双向单车道。道路交通情况如图 10.18~ 图 10.22 所示。

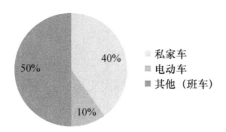

私家车
电动车
其他（班车）

图 10.18 交通方式分布

图 10.19 主次干道

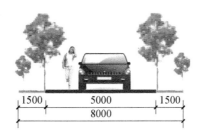

图 10.20 道路剖面图

图 10.21 道路使用情况

图 10.22 公交设施情况

村中主干道由于货车长期高强度碾压受到不同程度的毁坏；次干道道路质量一般；

部分道路为土路，雨后多泥泞。

村中有连接城乡的公交车，无固定停车点。

10.2.8 基础设施情况

村中用水主要为自来水。村中农田采用井水浇灌。村中修路时设置了排水沟，但因长时间缺少专业维护，有些已经堵塞。村中安装了太阳能板，村民可享受国家太阳能发电补贴政策。电话、手机全村普及。全村网络普及率约40%，多为中青年人使用，老年人不使用网络。村中部分路口设有广播设施。

10.3 经济现状特征

10.3.1 村民收支状况

村中服务业发达，有农贸市场；年轻劳动力多在外务工。村民支出主要为子女教育、日常生活、老人医疗。"新农合"普及率较高，减轻了村民医疗负担，村中有卫生站，看病方便。收入来源和支出占比如图10.23和图10.24所示。

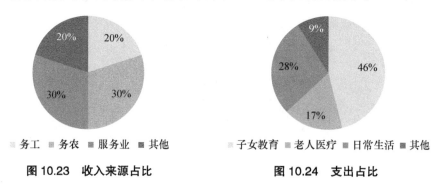

图 10.23 收入来源占比　　　　图 10.24 支出占比

10.3.2 产业结构特征

村内产业种类多，服务业较发达，农贸市场繁荣。上年纪的村民主要以种植农田为生。村子周边交通便利，外出务工的年轻人很多，经济较为活跃。从业人数占比如图10.25所示。

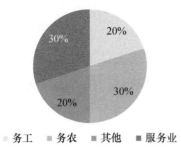

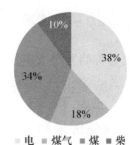

图 10.25 从业人数占比   图 10.26 冬季能源占比

10.3.3 能源结构特征

村民做饭普遍使用电磁炉和煤气，冬季用煤和柴取暖。冬季能源占比如图 10.26 所示。有些村民家中安装了太阳能板，村中太阳能热水器普及率较高，节约了一定的能源，如图 10.27 和图 10.28 所示。

图 10.27 太阳能板   图 10.28 太阳能热水器

10.4 社会现状特征

10.4.1 人口及家庭结构情况

全村人口数量 2700 人，总户数 700 户，户均约 3.9 人。该村家庭规模普遍较大，家庭人员总数一般为 3~6 人，以核心家庭为主。村内老年人较多，大部分年轻人在外务工或上学，无留守儿童。

10.4.2　劳动力从业情况

村中主要劳动力为农民，以从事种植业与养殖业为主；少数为工人，在附近农贸市场工作；一部分为三产服务人员，以开设超市、小卖部为主；少数为无业人员。

10.4.3　社会保障福利

村中绝大多数村民享有医保。该村没有养老院，村内老人较多，其儿女多在外务工。

10.5　文化现状特征

火石营西街村历史文化底蕴深厚，村内有历史文化古迹，村西庙内有古钟可考。火石营西街村始建于元代。清乾隆年间，人们发现此处有大量燧石可采，故改称火石营。燧石房和燧石墙如图 10.29 和图 10.30 所示。

图 10.29　燧石房　　　　　　　　　　图 10.30　燧石墙

第 11 章

丰润区岩口乡比古岫村现状调研报告

11.1　概述

11.1.1　区位

比古岫村位于河北省唐山市丰润区最北端，与迁西县交界地带；隶属唐山市丰润区岩口乡，村西边有 S53 京哈高速迁西支线。周围村落有西边的吕各庄、东边的迁西县田家峪村、北边紧邻的岩口乡，与新偏峪村、北刘庄村、赵庄子村相邻。村南边为农田与山地。

11.1.2　自然条件

比古岫村附近有还乡河。村民主要种植玉米、谷子、白薯等农产品。村内盛产镓、铁等矿产资源。

11.2　空间现状特征

11.2.1　整体布局

比古岫村内主要道路为东西向，村落沿主要道路呈带状东西展开。该村庄在唐山大地震后没有进行统一规划，村中布局比较自由，但大致方向为东西向与南北向。村中住宅多为联排式布局，如图 11.1 所示。

图 11.1　比古岫村整体布局

11.2.2　街道空间

比古岫村有一条东西向主要道路，道路宽 5 m。南北向主干路长约 390 m、宽 6 m。路面为混凝土材质，较为平整。村中混凝土道路基本实现了户户通，但调研时主干道因下水道施工被破坏，路面情况不佳。主干道与两侧房屋宽高比小于 2∶1，符合正常尺度。村中次要道路宽 4 m，已修建多年，路面损坏较为严重，道路中间有坑洼，雨天积水严重。街道空间如图 11.2~图 11.5 所示。

宅间路宽约 3 m，修路年份较早，路基比较薄，损坏严重。

村民家中小路多为泥土路，上面铺设石子，避免下雨后道路泥泞不便行走。但这种道路硌脚，且容易使人崴脚或摔倒。

图 11.2　主要道路　　　　　　　　　　图 11.3　宅间小路

图 11.4　宅间小路

图 11.5　村民家中小路

11.2.3　节点空间

村内有一处供人们日常活动的广场，可作为村内的转运中心和村民的休息中心。广场内没有供村民日常休闲、健身、娱乐的体育设施，面积约为 400 m²。根据季节以及农业活动，广场的使用率相差较大，且受天气的影响较大，一般夏季及冬季的傍晚，广场的使用率最高。

村子地处平原，村里有两座庙，即村东的东庙和村西的西庙。村中有一座戏台，其上堆积大量柴火，前部宽敞。戏台现存屋架是桁架结构，可能修缮过，也可能是原始式样。

11.2.4　住宅建筑现状

村中民居无统一规划，整体建筑质量较差。建筑材质主要为石头、青砖和红砖，囤顶建筑与硬山顶建筑混合布置，顶部铺设水泥板瓦、小青瓦，少数为红色缸瓦。村中有一处百年民居、几座保存完好的百年门楼，门楼上有木雕、砖雕等装饰，还有一处保存完好的三进院百年民居，地震中损毁不大，现仍有人居住。

村内几座百年门楼中有硬山顶和平顶两种，主要使用石头材质，仅檐、墀头等部位使用青砖，并且在石头外部抹灰。屋檐正脊上有砖雕装饰，门上部有木雕门簪，门上有铺首以及门钉，下部有门槛，两侧有门枕石，十分讲究，是震前多数建筑的传统建造方式的代表，如图11.6~图11.9所示。

图11.6 门楼

图11.7 门簪

图11.8 铺首

图11.9 门枕石

建筑整体布局为三进院落，都是"四破五"布局，前房住两户，后侧住一户，如图11.10~图11.13所示；院内有放红薯的地窖，内壁镶嵌石块，直接攀登石块上下；院落两侧有鸭棚、猪圈、小菜园、杂物棚等多种功能空间，或开敞，或露天，生活气息十足；前侧的建筑较久，屋檐部分有一个内外都可以操作并开启大门的小转轴，在冬季锁门防风的同时，又不影响人们过往，还有一个可以左右移动并在内部固定的插销，可以在内部操作开与锁，以保护内部隐私；这种纯使用木头制作的大门极具智慧，每一扇门都有一个独特的机关。

村内有一处戏台，于20世纪90年代以后建造，使用桁架结构，红砖围护，戏台面对广场，山墙顶部有三颗红星。戏台现已废弃，作为堆放柴火的仓库，如图11.14和图11.15所示。

图 11.10　正房南立面

图 11.11　木窗

图 11.12　室内布局

图 11.13　屋顶结构

图 11.14　戏台一

图 11.15　戏台二

　　村内现存大多数建筑为 20 世纪 90 年代后建筑，建筑多使用石头和青砖，囤顶建筑和硬山顶建筑混杂，墙体上多绘制壁画作装饰，具有一定的观赏价值，形式多样，各不相同，是村内的一大特色，如图 11.16~ 图 11.19 所示。

图 11.16　石材山墙

图 11.17　囤顶青砖正房

图 11.18　山墙壁画

图 11.19　墙体壁画

村内有少数近十年新建的建筑，为红砖材质的硬山顶建筑，屋顶铺设红色缸瓦，通常建倒座房，如图 11.20 和图 11.21 所示。建筑外表面贴瓷砖作装饰。

图 11.20　临街倒座门房

图 11.21　硬山顶建筑

村内老建筑正房大多三间，进深 6 m、面宽 12 m，新建筑进深 8 m、面宽 12 m；家庭人口平均约 3.3 人，人均居住面积约 24 m²。宅基地平均三分地，人均宅基地面积约 61 m²。

建筑多为砖混结构，个别百年民居为木抬梁式结构。建筑墙体材质有青砖、红砖、石头三种，屋顶瓦有水泥板瓦、小青瓦、缸瓦和彩钢瓦四种。

南北住宅多两户正对。临街住宅多东西向并排建造，临街开设大门，方便进出。该村住宅布局均为院落式，大部分为单院，有前院无后院，正房直接临街设门。新建建筑临街建倒座房。有一处串联式大杂院，由三个院落组成整个建筑群。

建筑南立面大面积开窗，北立面开小窗，有利于穿堂风的形成以及冬季的室内采暖。当心间南北向各开一门，有利于穿堂风的形成，以降低夏季室内温度。建筑结构墙体外通常抹灰或贴砖，用来保温防潮。建筑装饰方式多样，在外墙抹白灰、水泥或装饰水刷石和瓷砖拼装图案。

11.2.5　用地情况

村民以农业生产为主要经济来源，农业产品主要有玉米、小麦、花生、高粱、谷子、白薯等；也有村民养殖猪、牛、羊、鸡。

11.2.6　公共服务设施情况

村内有村委会、警务室和一处卫生所。

村内有固定的集市，每五天开集一次；村中主干道旁有多家小卖部、粮食收购站及小型餐饮场所等。村内有几处活动广场。

11.2.7　道路交通情况

交通出行方式多样，村民多乘坐公交（班车）出行，部分村民骑电动车及摩托车，村中有班车通往县城。道路交通情况如图 11.22~ 图 11.24 所示。

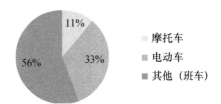

图 11.22　交通方式百分比

图 11.23　主次干道

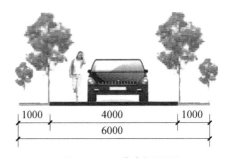

图 11.24　道路剖面图

少数道路完整，质量良好，但绝大多数道路由于受到修理地下水管道的影响，遭受了不同程度的破坏。道路破坏和道路使用情况如图 11.25 和图 11.26 所示。

图 11.25　道路破坏情况　　　　　　　图 11.26　道路使用情况

11.2.8　基础设施情况

村中生活用水主要为自来水，农田不进行人工灌溉。村中实行电卡缴费，但仍有一部分以人工方式收费（主要针对无法自行完成网上缴费的家庭）。电话、手机全村普及。全村网络普及率约 40%，多为中青年人使用，老年人不使用网络。村中的垃圾无固定收集场所，两天左右清理一次。

11.3　经济现状特征

11.3.1　村民收支状况

村民主要收入来源为务农和外出务工所得，平均每家有一人外出务工，年长的村民主要种植农作物，村民之间收入悬殊。支出主要为子女教育、老人医疗。"新农合"普及率较高，在一定程度上减轻了村民的医疗负担。收入来源与支出占比如图 11.27 和图 11.28 所示。

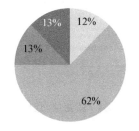

务工　务农　无业　服务业

图 11.27　收入来源占比

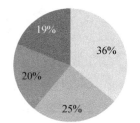

子女教育　老人医疗　日常生活　其他

图 11.28　支出占比

11.3.2 产业结构特征

村民以从事第一产业为主，主要种植玉米、谷子、白薯等作物；村中养殖业不发达，仅有几户人家养驴。村内企业较多，有塑料薄膜厂、植物油加工厂、粮油加工厂、玻璃钢制品厂等，带动了经济发展。

11.3.3 能源结构特征

村民夏季做饭主要用电，使用煤气不普遍，一些上年纪的村民烧煤或烧柴做饭。冬季主要靠烧煤和燃烧柴火取暖、做饭。村中柴火使用率较高，电、柴、煤使用率均衡。路旁堆砌的柴火和烧柴的灶台如图 11.29 和图 11.30 所示。

图 11.29 路旁堆砌的柴火

图 11.30 烧柴的灶台

11.4 社会现状特征

11.4.1 人口及家庭结构情况

全村人口数量 1000 人，总户数 300 户，户均 3.3 人。该村家庭规模普遍较大，家庭人员总数一般为 4~6 人，以核心家庭为主，隔代家庭次之。村内老年人较多，大部分年轻人在外务工或上学，无留守儿童。

11.4.2 劳动力从业情况

村中主要劳动力为农民，以从事种植业与养殖业为主；少数为工人，在附近塑料薄膜厂、植物油加工厂、粮油加工厂、丝厂、玻璃钢制品厂、沙石厂等工作；一部分为三产服务人员，以开设超市、小卖部为主；少数为无业人员。

11.4.3 社会保障福利

村中绝大多数村民有医保。该村有敬老院，村内老人较多，其儿女多在外务工。

11.5 文化现状特征

比古岫村历史文化底蕴深厚，但存留的历史文化遗迹并不多，只有一些历经沧桑的老宅在诉说着当年的故事。村中有处一百年老宅，有三进院落，都是"四破五"布局，如图11.31和图11.32所示。

 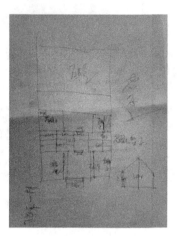

图11.31　百年老宅　　　　　　　　图11.32　百年老宅图纸

第 12 章

丰润区岩口乡柴家湾村现状调研报告

12.1　概述

12.1.1　区位

柴家湾村位于河北省唐山市丰润区北部，距丰润区 33 km 车程，东侧紧邻京哈高速迁西支线，村中主干道在东南边连接碾唐线，交通便捷；周围有岩口乡、比古岫村；东北边是迁西县新庄子乡。

12.1.2　自然条件

柴家湾村隶属河北省唐山市丰润区岩口乡，与东高庄村、后刘城子村、火西村、大岭沟村相邻，花团锦簇，物产丰富，广聚人气。村内盛产芒硝、黑钨、钛、铜、花岗岩等矿产资源。

12.2　空间现状特征

12.2.1　整体布局

柴家湾村内主要道路为东南—西北向，该村是山地地形，北面靠山，南面临河，村中的建筑并未经过震后统一规划，建筑有硬山顶与囤顶两种，多用石头建造，极其原始；最有特色的是建筑山墙部分和有高差的前后院，村民会在山墙部位设计抹灰与砖石组成的几何图案，寻求造型变化。因未进行规划，村中有较多的尽端路，路网不成体系，如图 12.1 所示。

图 12.1　柴家湾村整体布局

12.2.2　街道空间

村内两条主要道路呈 Y 字形穿过村庄。东南—西北向的主要道路长 712 m，南北向道路长 235 m。村中修缮的公路路面已十分粗糙，人走在上面有明显的硌脚感。

村中小路大多为老旧的土路，因村落建设在山地上，道路多有坡度，所以许多小路崎岖难行，对于老年人来说多有不便，一些人家自行修建水泥路通入自家，如图 12.2~ 图 12.5 所示。

图 12.2　主要道路

图 12.3　村中小路

图 12.4   村中小桥

图 12.5   村民家中小路

12.2.3   节点空间

村内有一处供人们跳广场舞的健身广场，偶尔会有村民来此集聚，如图 12.6 所示。广场内有供村民日常休闲、健身、娱乐的体育设施，面积约 500 m^2。

村内有一些有纪念意义的功德碑和纪念碑，如图 12.7 所示。

图 12.6   村内广场

图 12.7   村内抗日纪念碑

12.2.4   住宅建筑现状

村落四周环山，位于山地地区，故村内部分建筑地基存在高差，由此出现了前后院标高不同的建筑。该类建筑为震后第一批标准前后院建筑，三间正房，坐北朝南，是以青砖和石材为主要材质的砖混硬山顶建筑，屋顶铺设小青瓦，墙体部分抹灰，南侧开大窗，北墙开高窗。因建筑年代久远，人们在室内对檩条部分进行了加固，并在屋顶小青瓦上部加了一层彩钢瓦，如图 12.8~ 图 12.11 所示。

图 12.8 有高差的前后院

图 12.9 后院

图 12.10 北侧高窗

图 12.11 建筑室内

村内现存一处震前门楼（见 12.12~ 图 12.15），除勒脚部分用石材外，其余均用青砖砌成。门上部有门簪，下部有门槛，门楼屋檐部分已严重损毁，滴水瓦已脱落，屋顶铺设了一层彩钢瓦。门楼山墙部分有砖雕，正脊两端翘起。院内有现存的正房和厢房，已无人居住。

图 12.12 临街门楼

图 12.13 木雕门簪

图 12.14　门槛

图 12.15　砖雕

　　村入口处的小山顶部有一座小建筑，其为空中索道的控制处。以前村口的还乡河上修建了土桥供人们过河，但若遇到大水将土桥冲垮，人们往往通过空中索道与外界联系。索道已建成几十年，其中的小室每次可以同时运送四个人过河，现已废弃。现在村民通过还乡河上新修的水泥桥过河，如图 12.16 和图 12.17 所示。

图 12.16　控制室

图 12.17　悬吊绳索

　　村内现存建筑多为近二十年新建建筑，主要是以红砖为主要材质的砖混结构硬山顶建筑和二层楼房建筑，建筑外贴白色瓷砖，屋顶铺设红色缸瓦。临街有门楼，门楼部分有对联，屋脊部位有"吉祥鸽"装饰，门前有影壁，这些装饰元素与震前建筑基本一致，如图 12.18~ 图 12.21 所示。

图 12.18　二层楼房

图 12.19　影壁

图 12.20　门楼

图 12.21　硬山顶建筑

村内建筑正房大多四间，进深 6 m、面宽 15 m，家庭人口平均 5 人，人均居住面积约 18 m²。宅基地平均三分地，人均宅基地面积约 40 m²。

建筑均为砖混结构。建筑墙体材质有青砖、红砖、石材三种，屋顶瓦有小青瓦、红色缸瓦和彩钢瓦三种。

建筑质量整体良好，房屋都有人居住，可以满足生活需求。村内建筑整体偏西南向，临街住宅多东西向并排建造，临街开设大门，方便进出。南北住宅多两户正对。

建筑南立面大面积开窗，北立面开小窗，有利于穿堂风的形成以及冬季的室内采暖。当心间南北向各开一门，有利于穿堂风的形成，以降低夏季室内温度。建筑结构墙体外通常抹灰或贴砖，用来保温防潮。建筑材料以石头为主，较为原始和粗犷。建筑装饰方式多样，在外墙抹白灰或用砖石拼装图案，富有变化，各具特色。

12.2.5　用地情况

村民以农业生产为主要经济来源，农业产品主要有玉米、高粱、花生、谷子等；也有村民养殖猪、牛、羊、鸡和鸭等。

12.2.6　公共服务设施情况

村内有村委会、警务室，还有一处卫生所，即岩口乡柴家湾村第一卫生室。

村内有固定的集市，每五天开集一次；村中主干道旁有多家小卖部、粮食收购站及小型餐饮场所等。村内有一处活动广场。

12.2.7　道路交通情况

交通出行方式多样，村民多骑电动车，少数骑摩托车，村中有班车通往县城；道路形式为双向单车道。交通方式分布和主次干道如图 12.22 和图 12.23 所示。

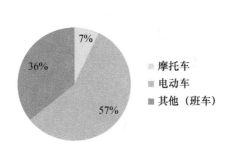

图 12.22　交通方式分布　　　　　　　　图 12.23　主次干道

　　村中无固定停车位，车辆多随意停在路边或自家庭院里。道路剖面图和道路使用情况如图 12.24 和图 12.25 所示。

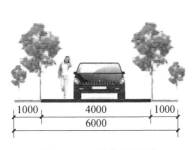

图 12.24　道路剖面图　　　　　　　　图 12.25　道路使用情况

12.2.8　基础设施情况

　　村中生活用水与饮用水主要来源为井水，井为浅水井，故水中时常有杂质；农田从不人工灌溉。村中无排水设施，下雨天路上多积水。

　　村中实行水卡缴费。电话、手机全村普及。全村网络普及率约 60%，多为中青年人使用，老年人几乎不使用网络。

　　村中无固定垃圾倾倒点，定期有专人清理。

12.3　经济现状特征

12.3.1　村民收支状况

　　村民主要收入来源为务农和外出务工所得，支出主要为子女教育、日常生活。"新

"农合"普及率较高，减轻了村民的医疗负担。收入来源和支出占比如图 12.26 和图 12.27 所示。

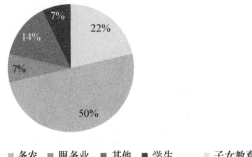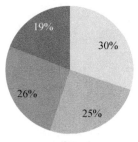

■ 务工　■ 务农　■ 服务业　■ 其他　■ 学生　　　　■ 子女教育　■ 老人医疗　■ 日常生活　■ 其他

图 12.26　收入来源占比　　　　　　　　图 12.27　支出占比

12.3.2　产业结构特征

村民以从事第一产业为主，主要种植玉米、高粱、花生和谷子等作物；村中有几户人家养牛，但都不成规模。村庄离还乡河和 S53 省道较近，相对来说农业经济效益较好。

12.3.3　能源结构特征

村民夏季主要用电做饭，煤气使用不普遍；冬季主要靠烧煤和燃烧植物废料（柴火、玉米秆等）取暖、做饭，烧煤主要是为了火炕取暖。村民家中安装太阳能热水器，方便洗澡。图 12.28 和图 12.29 所示为路边的柴火和村民正在堆柴火。

图 12.28　路边的柴火　　　　　　　　图 12.29　村民正在堆柴火

12.4　社会现状特征

12.4.1　人口及家庭结构情况

全村人口数量约 500 人，总户数约 100 户，户均 5 人。该村家庭规模普遍较大，家庭人员总数一般为 3~7 人，以核心家庭为主，少数为空巢家庭。村内老年人较多，大部分年轻人在外务工或上学，无留守儿童。

12.4.2　劳动力从业情况

村中主要劳动力为农业劳动力，以从事种植业与养殖业为主；少数为工人，在附近建筑材料厂和食品厂工作；一部分为三产服务人员，以开设超市、小卖部为主；少数为无业人员。

12.4.3　村民受教育情况

村民受教育程度普遍偏低，尤其是生于 1958 年之前的村民，文化程度不高。

12.4.4　社会保障福利

村民基本享有医保或社保。该村有敬老院，村内老人较多，其儿女多在外务工。

12.5　文化现状特征

柴家湾村历史文化底蕴不深，没有历史文化遗存。在抗日战争时期，村中涌现出大批抗日人员，村民建了纪念碑来缅怀这些英雄。

村东的碾唐线东侧有一座岩口抗日暴动纪念碑，其四周植树，背靠大山，如图 12.30 和图 12.31 所示。

图 12.30　纪念碑

图 12.31　碑文

第 13 章

丰润区岩口乡大安乐庄村现状调研报告

13.1 概述

13.1.1 区位

大安乐庄村位于河北省唐山市丰润区中部，临近丰润镇，距唐山北站 5.2 km 车程，距丰润汽车站 4 km 车程，东临 G102 丰美大路，南侧有京秦铁路，交通便利。该村通过一条道路与西边小安乐庄村连接。该村周围有王家楼村、饶家头村、张良各庄村、小王各庄村。

13.1.2 自然条件

大安乐庄村历史悠久，北临还乡河，村民用水大多取自还乡河。

13.2 空间现状特征

13.2.1 整体布局

大安乐庄村道路体系较自由，但大致呈棋盘状。该村新旧建筑对比强烈，村外有新盖楼盘。该村入口处建筑多数为新建筑，且外贴瓷砖，其间掺杂着一些二层建筑，内部有一些老建筑。大安乐庄村整体布局如图 13.1 所示。

图 13.1　大安乐庄村整体布局

13.2.2　街道空间

村内南北向主干道宽约 6 m，东西向主干道最宽处为 8 m。村中道路已严重损坏，走路硌脚。主干道经重新铺装，路面平整，便于行车、行走。村中次要道路宽 5 m，路面损坏严重，表面粗糙，十分影响行走，有些地方已经全被泥土覆盖。宅间路宽约 3 m。村中的道路基本实现户户通，但各处道路受到了不同程度的损毁，如图 13.2~图 13.5 所示。

图 13.2　主干道

图 13.3　次要道路

图 13.4　宅前路

图 13.5　宅间小路

13.2.3 节点空间

村内有一处供人们集会的广场，位于村内委员会处，现在作为村内集会、商量事情的场所，面积约 500 m²，如图 13.6 所示。

村内有一些老旧历史建筑，比较有特色，有些建筑门前放置着狗或神兽的雕塑，也有一些门墩，如图 13.7 所示。

图 13.6　村内委员会广场　　　　　图 13.7　村内历史门墩

13.2.4 住宅建筑现状

该村新旧建筑对比强烈，80% 的建筑为近十年新建建筑，多为一层硬山顶建筑，少数为二层楼房。村内部有少数 20 世纪 90 年代的水刷石民居，以及无人居住的震前民居和震后第一批标准前后院民居。该村在外务工或开工厂的人比较多，整体比较富裕，建筑质量也比较好。

村内近十年新建建筑的正房多是以红砖为主要材质的砖混结构硬山顶建筑，屋顶铺设红色缸瓦（见图 13.8 和图 13.9）。倒座房为现浇顶建筑，正房与倒座房均为三间，民居均有前院无后院。该村村民遵循独特的传统习俗，一般两户民居的临街门楼正对或者门楼正对着路口时，多在门楼上放置一对狗的雕像，或插红旗、安装镜子，如图 13.10 和图 13.11 所示。

图 13.8　正房　　　　　　　　　图 13.9　山墙面

图 13.10 门楼

图 13.11 门楼上的雕塑

村内有少量新建的欧式建筑（见图 13.12），整座建筑外贴红色墙砖。建筑临街为三间倒座房，西侧一间为车库，中间为门楼，门楼部分使用中国传统建筑式样，屋顶为庑殿顶式样，红色琉璃瓦，正脊两侧有鸱吻。正房建筑为欧式风格，弧形落地飘窗、室外阳台、屋顶阁楼一应俱全，用葫芦瓶栏杆、球形灯等元素作装饰。

图 13.12 欧式建筑

村内建筑正房大多三间，进深 8 m、面宽 12 m，家庭人口平均 3.2 人，人均居住面积 30 m²。宅基地平均三分地，即人均宅基地面积约 63 m²。

建筑均为砖混结构。建筑墙体材质有青砖、红砖、土坯砖三种，屋顶瓦有小青瓦、缸瓦两种。

建筑质量整体良好，房屋都有人居住，可以满足生活需求。村内建筑南北向布局，临街住宅多东西向并排建造，临街开设大门，方便进出。南北住宅多两户正对。

建筑南立面大面积开窗，北立面开小窗，有利于穿堂风的形成以及冬季的室内采暖。当心间南北向各开一门，有利于穿堂风的形成，以降低夏季室内温度。建筑结构墙体外通常抹灰或贴砖，用来保温防潮。

建筑装饰方式多样，有以红砖外围贴瓷砖的新式房子，也有一些木头或者石头建筑的老房子。在建筑装饰上，村民创造了许多用石头或瓷砖垒成的花纹。

13.2.5 用地情况

村民以农业生产为主要经济来源，农产品主要有玉米、小麦、花生、高粱、芝麻、绿豆等；村民中也有养殖猪、牛、羊、鸡。

13.2.6 公共服务设施情况

村内有村委会、警务室，还有一处卫生所，即岩口乡大安乐庄第一卫生室。

村内有固定的集市，每五天开集一次；村中主干道旁有多家小卖部、粮食收购站及小型餐饮场所等。村内有一处活动广场。

13.2.7 道路交通情况

交通出行方式多样，村民多乘公交车、开私家车、骑电动车和自行车，少数骑摩托车，村中有公交车通往县城；道路形式为双向单车道。交通方式分布和主次干道如图13.13和图13.14所示。

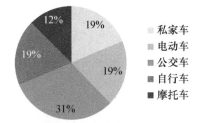

图 13.13 交通方式分布 　　　　　　　　图 13.14 主次干道

村中主干道路面平整，次干道由于车辆长期碾压而受到不同程度的毁坏，整个村子南面的部分道路路面也受到不同程度的毁坏。村中有连接城乡的公交车，无明显固定停车点。道路剖面图和道路使用情况如图13.15和图13.16所示。

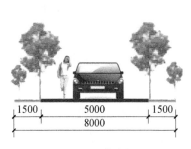

图 13.15 道路剖面图 　　　　　　　　图 13.16 道路使用情况

13.2.8 基础设施情况

村中生活用水与饮用水主要为自来水，供水时间不固定；因灌溉井毁坏，故农田不进行人工灌溉。村中无排水设施，下雨天路上多积水。村中实行电卡缴费。电话、手机全村普及。全村网络普及率约 80%，多为中青年人使用，老年人几乎不使用网络。

13.3 经济现状特征

13.3.1 村民收支状况

村民主要收入来源为务农和外出务工所得。该村距离城镇较近，经济活跃。支出主要为子女教育、随份子钱和老人医疗，家长普遍认为子女教育开支较大。收入来源和支出占比如图 13.17 和图 13.18 所示。

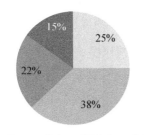
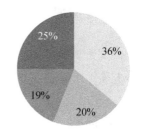

  ■ 务工 ■ 务农 ■ 服务业 ■ 其他   ■ 子女教育 ■ 老人医疗 ■ 日常生活 ■ 其他

   图 13.17 收入来源占比   **图 13.18 支出占比**

13.3.2 产业结构特征

村民以从事第一产业为主，主要种植玉米、小麦、花生、高粱、芝麻、绿豆等作物；村中有几家养猪场，但规模很小。因为村庄邻近城镇，外出务工人员较多，也有村民自己开厂，生活富足。

13.3.3 能源结构特征

村民夏季主要用电和煤气做饭，冬季主要靠烧柴火（包括花生秧、玉米秆、玉米芯）和煤取暖、做饭。

13.4 社会现状特征

13.4.1 人口及家庭结构情况

全村人口数量约 2500 人，总户数约 780 户，户均 3.2 人。该村家庭规模普遍较大，家庭人员总数一般为 3~8 人，以核心家庭为主，隔代家庭次之。村内老年人较多，大部分年轻人在外务工或上学，无留守儿童。

13.4.2 劳动力从业情况

村中主要劳动力为农民，以从事种植业与养殖业为主；少数为三产服务人员，以开设超市、小卖部为主；部分为工人，在附近超市工作；极少数为无业人员及其他工作性质人员。

13.4.3 村民受教育情况

村民受教育程度普遍偏低，尤其是生于 1973 年之前的村民，基本上为初中及以下文化程度，极少数为高中及以上学历。学历较高者多为在外工作或上学的年轻人。

13.4.4 社会保障福利

村中绝大多数村民有医保。该村无养老院，村内人口较少，很多人迁往县城居住。

13.5 文化现状特征

大安乐庄村历史悠久，村内有一些老建筑。这些建筑与风俗默默地诉说着大安乐庄村悠久的历史，使我们依稀看到当年村中的风貌。

大多数村民对目前的生活环境与居住环境较满意。村东紧邻丰美大道，交通便利。村附近有大量企业、工厂，为村民提供了充足的就业机会。

第 14 章

丰润区流沙河镇石佛寺村现状调研报告

14.1 概述

14.1.1 区位

石佛寺村位于河北省唐山市丰润区，距丰润区 22.4 km，256 乡道贯穿其中，距南侧 263 乡道 1.1 km，对外交通便利。南邻池家屯村、葛家屯村，北靠农田。

14.1.2 自然条件

石佛寺村位于半山区，农田属于半梯田，灌溉没有问题。该村属于暖温带大陆性季风气候，降水量四季分配不均，夏季降水量占全年降水量的 80% 以上。村头西侧有一片水塘（见图 14.1），可调节村中微气候。矿产资源丰富，盛产煤、膨润土等。村中多种玉米、小麦、花生、高粱、芝麻、绿豆等农作物；成规模养殖的有猪、牛、羊、鸡等；村内有一棵上百年的古树，如图 14.2 所示。

图 14.1 村中水塘

图 14.2 村中古树

14.2 空间现状特征

14.2.1 整体布局

石佛寺村整体属于组团式布局，没有明显的统一规划，道路将村落分为六宫格，主干道上有几座保存完好的老门楼，交通十分便利。民居大多属于联排式布局；东西主路由于地势高差向东南倾斜，民居布置沿道路展开；南北主路两侧民居较为规整。村子边缘地带有一些独栋住宅，布局自由。石佛寺村总体布局如图 14.3 所示。

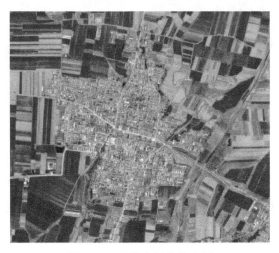

图 14.3　石佛寺村总体布局

14.2.2 街道空间

村内道路多为南北向与东西向，类似十字交叉形路网，南北向主干道长约 718 m、宽约 5 m，东西主干道长约 778 m、宽约 6 m。南北向道路连接村外的 263 乡道。集市沿主街布置，因主干道宽度较小，摆集市时道路拥堵严重。

村中次要道路宽 3 m，宅间路为 2~3 m，周边民居依路而建，排列整齐，如图 14.4 所示。

主干道与两侧房屋宽高比为 2∶1。主干道为混凝土材质，两侧基本为硬质土壤，是停车休憩的主要空间。宅间小路材质为土壤，房屋宽高比大约为 1∶1，雨雪天气出行不便。主干道和宅间小路如图 14.5~ 图 14.7 所示。

图 14.4　宅间路两边的住宅

图 14.5　主干道交叉路口

图 14.6　主干道

图 14.7　宅间小路

14.2.3　节点空间

村内有一处供人们日常活动的广场，位于村内古树处，可停放客车和公交车，可作为村内的转运中心和村民的休息中心，如图 14.8 所示。

广场内有供村民日常休闲、健身、娱乐的体育设施，面积约 400 m^2。

根据季节以及农业活动，广场的使用

图 14.8　村内广场

率相差较大，且受天气的影响较大，一般夏季及冬季的傍晚，广场的使用率最高。古树广场作为聚集中心，成为整个村楼的枢纽，是村民闲暇时嬉戏游玩的场所。

14.2.4　住宅建筑现状

村内有一座震前遗留的大杂院民居，原来有四进院落，三层建筑，每进院落的两侧均有东西厢房，有十三户居住，后来大部分搬迁，调研时只有三户居民。前两进院落已经荒废，中间第二层建筑被人们用铁丝网将穿堂大门隔断。该老建筑临街有门楼，位于院落东南角位置，正对大门处有影壁。该建筑与村中绝大多数建筑十分不同，如图 14.9~ 图 14.12 所示。

图 14.9　门楼

图 14.10　第一进院落

图 14.11　门楼顶部材料

图 14.12　建筑室内

临街主干道的门楼均为震前门楼样式，少数为旧材料翻修。门楼样式统一，装饰丰富。街门外侧屋檐下东侧的墙壁上有供奉门神的神龛。门上部有门簪，木门上有门钉，下部有门槛，两侧有经过精致雕刻的抱鼓石。门楼外部虽然没有木质材料，但建筑在装饰方面始终没有完全摆脱模仿木构建筑的影响：建筑屋檐部分刻意用柱形砖模仿椽子向外挑出屋檐的结构。由于建造者主观思想的介入，装饰部分达到了取其意而不拘泥于其形的效果，既美观实用又不烦琐，是一种高超的处理手法。但其影响了砖的材质特性，抗压不抗剪。临街门楼、木雕门簪、砖雕、神龛如图 14.13~ 图 14.16 所示。

图 14.13　临街门楼

图 14.14　木雕门簪

图 14.15 砖雕

图 14.16 神龛

村内现存大多数建筑为 20 世纪 90 年代的水刷石建筑，均为红砖材质的砖混结构硬山顶建筑或平顶建筑，硬山顶建筑屋顶铺设红色缸瓦，墙体上用彩色石子拼贴出山、水、植物、动物、文字等寓意吉祥的符号，屋顶正脊上有鸱吻、鸽子等形象，山墙部分作抹灰或几何图案装饰，如图 14.17 和图 14.18 所示。

图 14.17 水刷石倒座房外墙装饰

图 14.18 泥塑山墙装饰

村内少数近十年新建的建筑多为二层楼房，样式为新中式，红砖材质的砖混结构。临街设大门，院内无厢房。建筑墙面、外墙均贴瓷砖，门楼部分有对联、花瓶、灯笼等装饰，屋顶铺设红色缸瓦，正脊有装饰。建筑的文化逐渐向震前建筑恢复。院落形式多为有前院无后院样式，临街设后门。临街大门、二层楼房、山墙装饰、街道如图 14.19~ 图 14.22 所示。

图 14.19 临街大门

图 14.20 二层楼房

图 14.21 山墙装饰　　　　　　　　图 14.22 街道

村内建筑三间房居多，建筑多进深 18 m、面宽 11 m，家庭人口平均为 4 人，人均居住面积 49.5 m²。宅基地多为二分五或三分，人均宅基地面积约为 42 m² 或 50 m²。

建筑形式多样，有砖混结构的 20 世纪 90 年代建筑，也有震前的石头建筑，还有更老的砖石木材建筑。建筑墙体材质有石头、红砖、土坯砖三种，屋顶瓦有小青瓦、缸瓦和彩钢瓦三种。由于村内历史跨度较长，各个时期的建筑在村内都留有痕迹，既有震前建筑，也有震后建筑。随着经济的发展和人们对居住环境要求的提高，村内的民居式样愈加丰富。村内建筑整体偏西南向，临街住宅多东西向并排建造，临街开设大门，方便进出。南北住宅多两户正对。

建筑南立面大面积开窗，北立面开小窗，有利于穿堂风的形成以及冬季的室内采暖。当心间南北向各开一门，有利于穿堂风的形成，以降低夏季室内温度。建筑结构墙体外通常抹灰或贴砖，用来保温防潮。建筑装饰方式多样，在外墙抹白灰、水泥或装饰水刷石和瓷砖拼装图案。

14.2.5　用地情况

村民以农业生产为主要经济来源，农产品主要有玉米、小麦、花生、高粱、芝麻、绿豆等；村民中还有成规模养殖猪、牛、羊、鸡的。

村西南部和北部有两块工业用地，各占地约 100 亩，生产玻璃和橡胶产品等，为周边村民提供了大量就业机会。

14.2.6　公共服务设施情况

村内有村委会、警务室，还有一处卫生所，即流沙河镇石佛寺村第一卫生室。

村内有固定的集市，每五天开集一次；村中主干道旁有多家小卖部、粮食收购站及小型餐饮场所等。村内有两处活动广场。

14.2.7　道路交通情况

交通出行方式多样，村民多乘公交车、骑自行车和电动车，少数村民开汽车或骑摩托车，村中有公交车通往县城。道路形式为双向单车道。村中主干道为混凝土道路，质量良好；宅间路为泥道，下雨天较不方便出行。交通方式分布、主次干道、道路剖面图如图 14.23~ 图 14.25 所示。

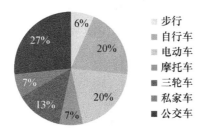

图 14.23　交通方式分布

图 14.24　主次干道

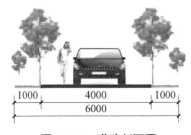

图 14.25　道路剖面图

14.2.8　基础设施情况

村中用水主要为自来水，水质良好，部分水源因靠近饮料厂而受到轻微污染。农田灌溉使用井水。村内有电网系统（变压器 / 变电站），且全村普及，村中实行电卡缴费。电话、手机全村普及，无线网络全村普及。村中各个路口均有广播设施。

村内有固定垃圾池，定期有专人来清理；村中每户都有独立旱厕，村中新建的房屋多为水厕，无公共厕所；粪便排入自家粪池，每户各自定期清理。

村落四周多为农田；主干道两边无行道树；村内无集散广场，无防护绿地，无明显构造手法。

14.3　经济现状特征

14.3.1　村民收支状况

村民主要收入来源为种植农作物，村中有玻璃加工厂和小型个体养殖场，少数村民以第三产业（经营小卖部）为生。支出主要为子女教育和日常生活，村民可参加"新农合"来减少医疗支出。收入来源和支出占比如图 14.26 和图 14.27 所示。

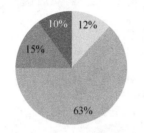
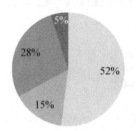

图 14.26　收入来源占比　　　　图 14.27　支出占比

14.3.2　产业结构特征

村民以从事第一产业为主，种植玉米、小麦、花生、高粱、芝麻、绿豆等农作物，其中主要作物为玉米、小麦。第二产业主要是村中的玻璃厂、废品站、小型养殖场。第三产业是村中小卖部，规模很小。村中第二、三产业相较于第一产业有些欠缺，整体经济水平较低。

14.3.3　能源结构特征

村民夏季主要用电和煤气做饭，冬季烧煤和柴来取暖、做饭。村中也有老人将玉米秆、花生秧作为燃料（据观察，村中一半以上的家庭会在家门口堆积玉米秆、花生秧、玉米芯等，并用塑料纸覆盖，应该是为冬季取暖储存的燃料）。

14.4　社会现状特征

14.4.1　人口及家庭结构情况

全村人口数量约 2000 人，总户数约 500 户，户均约 4 人。该村家庭规模普遍较大，家庭人员总数一般为 3~8 人，核心家庭居多，隔代家庭次之。村内老年人较多，大部分年轻人在外务工或上学，无留守儿童。村内家庭规模和家庭结构比例分布如图 14.28 和图 14.29 所示。

图 14.28　村内家庭规模比例

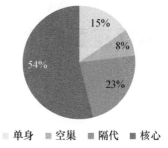

图 14.29　村内家庭结构比例

14.4.2　劳动力从业情况

村中主要劳动力为农业劳动力，以从事种植业与养殖业为主；少数为工人，在附近玻璃厂、皮带厂等工作；部分为三产服务人员，以开设超市、小卖部为主；极少数为无业人员。

14.4.3　村民受教育情况

村民受教育程度普遍偏低，尤其是 45 岁以上的村民，基本上为小学及以下文化程度，极少数是初中或高中学历。学历较高者则为在外务工或上学的年轻人。

14.4.4　社会保障福利

村中绝大多数村民有医保。该村没有养老院，村内老人较多，其儿女多在外务工。

14.5　文化现状特征

村中有一棵古树，古树下原来有一座独特的庙——上庙佛寺。石佛寺村原来叫张家窝铺，庄南有一个圣恩寺庄，后在此处修建了一处寺庙，且在房屋正脊上修了一座小庙，即所谓"庙上庙"。后寺庙被毁，如今人们在村外的山上新建了一座寺庙。

村中还有玻璃厂、皮带厂等产业，且主干道上商业气息浓厚。核桃、柿子等果树在村中随处可见，美化了村子的环境。

第15章

古冶区王辇庄乡抹轴峪村现状调研报告

15.1 概述

15.1.1 区位

抹轴峪村地处王辇庄乡，位于河北省唐山市古冶区最北端，村庄东北边紧邻青龙山，环境优美，物产丰富。村庄周围有长山沟村、芦庄村、前水峪村。

15.1.2 自然条件

抹轴峪村地势多为不平整的山地。该村主要农产品有荔枝、乌饭果、青椒、绿叶菜、枇杷、芥菜苗，矿产资源有黄玉、钛、翡翠、铁矿、方硼石。

15.2 空间现状特征

15.2.1 整体布局

抹轴峪村道路网自由流畅，村中道路两旁有很多小片菜地、果树、花丛以及坡道等景观节点，使得游览趣味性十足。抹轴峪村卫星图如图15.1所示。

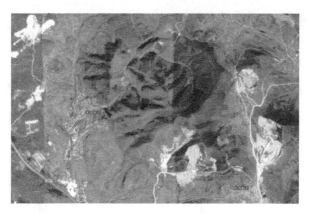

图 15.1　抹轴峪村卫星图

15.2.2　街道空间

村内南北向主干道长 983 m、宽约 4 m，东西向主干道长 285 m、宽约 5 m，路面为混凝土材质，较为平整。主干道与两侧房屋宽高比小于 2∶1，能保证两辆车同时通过。

村中次要道路宽 3.5 m，均以水泥铺装，道路质量总体不错。宅间路宽约 2.5 m，村中实现了水泥路户户通。宅间路平整，质量良好，方便人们出行。街道空间如图 15.2~ 图 15-5 所示。

图 15.2　主要道路岔路口

图 15.3　次要道路

图 15.4　宅间小路

图 15.5　入户处

15.2.3 节点空间

村内有一处供人们日常活动的广场，位于村委会门前。广场主要供村民开会、集聚用，面积约 400 m²。村内地势凹凸不平，以山地丘陵为主，在地震过程中，受到的损害较少，有许多古树和古建筑，保护较好，比较有时代感和历史感，如图 15.6 和图 15.7 所示。

图 15.6　村内特色建筑　　　　　　　　　　　图 15.7　村内最老建筑

15.2.4 住宅建筑现状

村中多为不平整的山地，大部分建筑在震后并没有彻底损坏，没有进行统一规划，所以建筑形态自由，平面变化丰富，依山就势，各不相同；由于年代不同、材质不同、需求不同，建筑式样各具特色。现存少部分震前民居，大部分为 20 世纪 90 年代民居和近十年新建民居。建筑多为一层，少数为二层。因地处山地地带，建筑都有高出地面 1 m 左右的台基。

村内现存最老的一处民居建于 1935 年，正房及门楼、厢房、猪圈、厕所等建筑由青砖和石头混合砌筑，石头基本为当地石头，有棉石、青石和杂石等。该村的老房子层高八尺半，新房子一般为九尺。宅院为三进式，有两间正房、多间厢房。宅院背靠大山，所以无后门及北侧院墙；正房均为囤顶建筑，三间房。南侧门楼为平顶建筑，门楣部分有精致的砖雕，如"花朵"、"寿"字和"如意纹"等，每扇门上有 16 个门钉，门楼右侧内墙设神龛，以供奉神灵；中部有挡雨的木质门槛。门楼外有猪圈及厕所，按照当地习俗，传统建筑中厕所多建在门楼外西侧。门楼、第一进院落、神龛、门楼外的猪圈及厕所如图 15.8～图 15.11 所示。

图 15.8　门楼

图 15.9　第一进院落

图 15.10　神龛

图 15.11　门楼外的猪圈及厕所

　　村内现存多数建筑为以红砖、青砖和石头材质为主的砖混囤顶建筑，南向开大窗，北向开小高窗，建筑外墙以石头肌理为装饰元素，很少有其他装饰。建筑多为三间，有前后院。建筑形式各不相同，有的临街建倒座房，有的直接建独立的门楼，如图 15.12~ 图 15.15 所示。

　　村内有外表面贴白色条形瓷砖的建筑和水刷石建筑，少数为二层楼房，建筑为红砖材质的砖混平顶建筑，临街为倒座房或独立的门楼，建筑样式丰富，如图 15.16~图 15.19 所示。

图 15.12　正房

图 15.13　倒座房

图 15.14　整体鸟瞰

图 15.15　村落鸟瞰

图 15.16　临街大门

图 15.17　二层楼房

图 15.18　山墙装饰

图 15.19　街道

村内建筑正房大多三间，进深 6 m、面宽 12 m，家庭人口平均约 3.3 人，人均居住面积约 22 m²。宅基地平均二分五地，人均宅基地面积约 50 m²。

村内建筑均为砖混结构。建筑墙体材质有青砖、红砖、石材三种，屋顶为囤顶。建筑质量整体良好，房屋都有人居住，可以满足生活需求。

建筑南立面大面积开窗，北立面开小窗，有利于穿堂风的形成以及冬季的室内采暖。当心间南北向各开一门，有利于穿堂风的形成，以降低夏季室内温度。建筑结构墙体外通常抹灰或贴砖，用来保温防潮。建筑装饰方式多样，在外墙抹白灰、水泥或装饰水刷石和瓷砖拼装图案。而在建筑材料方面，砖石、木材、各种屋面瓦都有使用。

15.2.5　用地情况

村民以农业生产为主要经济来源，农业产品主要有玉米、小麦、花生、高粱、芝麻、绿豆等，还有一些经济作物，如葡萄、核桃、苹果等。一些村民养殖羊、骡子、鸡、鸭。

村里有抹轴峪村铁厂、志恒腐植酸钠厂、集川化工厂水泥厂、集川化工厂铸造厂。

15.2.6　公共服务设施情况

村内有村委会、警务室，还有一处卫生所，即王辇庄乡抹轴峪村第一卫生室。村内有固定的集市，每五天开集一次。村内有一处活动广场。

15.2.7　交通形式

交通出行方式多样，村民多乘公交车、骑摩托车和电动车；道路形式为双向单车道。交通方式分布、主次干道、道路剖面图如图 15.20~ 图 15.22 所示。

村中的主次干道均以水泥铺设，但是部分道路由于车辆的长期碾压，受到了路面不同程度的毁坏。在雨雪天，村中的小路经常泥泞不堪。

村中有通往城市的公交车，无明显固定停车点。

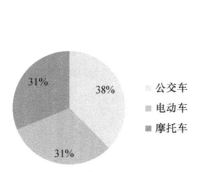

图 15.20　交通方式分布

图 15.21　主次干道

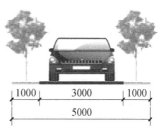

图 15.22　道路剖面图

15.2.8　基础设施情况

村中生活用水与饮用水主要使用井水，由于该村地处山地供水不易，故供水时间不固定；农田使用井水灌溉，但时常无水。村中实行电卡缴费。电话、手机全村普及。全村网络普及率约80%，多为中青年人使用。村中有固定垃圾倾倒点，定期有专人清理。

15.3　经济现状特征

15.3.1　村民收支状况

村民主要收入来源为务农，村中外出务工人员较少；支出主要为子女教育、日常生活，"新农合"普及率较高，减轻了村民医疗负担，如图15.23和图15.24所示。

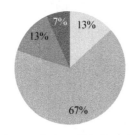

务工　务农　服务业　其他

图15.23　收入来源占比

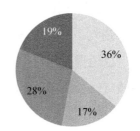

子女教育　老人医疗　日常生活　其他

图15.24　支出占比

15.3.2　产业结构特征

村民以从事第一产业为主，多种植玉米、白薯、大葱等作物。少数家庭养殖驴、羊、鸡，但不成规模。部分村民种植葡萄、红薯、核桃、苹果、梨等农副产品以获取收益。

15.3.3　能源结构特征

村民夏季主要用电做饭，煤气使用不普遍，仅有一些上年纪的村民仍使用柴火烧饭；冬季主要靠烧煤和柴火取暖、做饭，烧煤主要是为了维持火炕的热量。部分村民家中安装了太阳能发电板。

15.4　社会现状特征

15.4.1　人口及家庭结构情况

全村人口数量约 1000 人，总户数约 300 户，户均约 3.3 人。该村家庭规模普遍较大，家庭人员总数一般为 3~6 人，以核心家庭和隔代家庭为主，单身家庭和空巢家庭次之。村内老年人相对较多，大部分年轻人在外务工或上学，无留守儿童。村内家庭规模和家庭结构比例如图 15.25 和图 15.26 所示。

图 15.25　村内家庭规模比例　　　图 15.26　村内家庭结构比例

15.4.2　劳动力从业情况

村中主要劳动力为农民，以从事种植业与养殖业为主；少数为工人，在附近抹轴峪村铁厂、志恒腐植酸钠厂、集川化工厂水泥厂、集川化工厂铸造厂以及抹轴峪建筑维修队等工作；部分为三产服务人员，以开设超市、小卖部为主；少数为无业人员。

15.4.3　村民受教育情况

农村受教育程度普遍偏低，尤其是生于 1973 年之前的村民，基本上为初中及以下文化程度，极少数为高中及以上学历。学历较高者多为在外工作或上学的年轻人。

15.4.4　社会保障福利

村中绝大多数村民有医保。该村无养老院，但老年人较多。

15.5　文化现状特征

抹轴峪村历史悠久，民居主体多半由石头堆砌而成，石头基本为当地石头，有棉石、青石和杂石等；梁柱使用松木、榆木。老宅背靠山，每扇门上有 16 个门钉；宅院为三进式；门右侧设神龛。该村东临青龙山，山后有梯田，景色优美，适宜居住，如图 15.27 和图 15.28 所示。

图 15.27　青龙山　　　　　　　　　　图 15.28　梯田

村中道路两旁有很多小的菜地、果树、花丛、坡道等景观节点，游览趣味性十足。此外，村中葡萄、核桃、苹果种植业，以及羊、骡子、鸡鸭等养殖业作为辅助产业；加之村旁修建的旅游景点梯田油菜花花海和望海楼，使得该村完全具备自给自足的能力，是十分适合开展美丽乡村建设的自然乡村。

第 16 章

开平区洼里镇孩儿屯村现状调研报告

16.1 概述

16.1.1 区位

开平区洼里镇孩儿屯村位于河北省唐山市开平区东部与滦南县交界处，毗邻石榴河，距开平区政府 13 km 车程，周围有楼子庄村、蒋庄村、夏庄村、小寨村。

16.1.2 自然条件

孩儿屯村地势较为平坦，村外有河流经过，主要农产品有生菜、乌饭果、欧洲萝卜、韭菜、芹菜、小青南瓜、无花果、洋芋，村内矿产资源有沙土、黑云母、铜、铝。

16.2 空间现状特征

16.2.1 整体布局

孩儿屯村路网比较规整，村中房屋像摊大饼似的沿着路网展开。房屋大多为联排式布局，朝向多为南北向。

16.2.2 街道空间

村内南北向主要道路长 794 m、宽 5 m，东西向主要道路长 1.5 km、道路最宽处 7 m；

路面为混凝土材质，较为平整。主要道路与两侧房屋宽高比约 2∶1，能勉强保证两辆车同时通过。

村中次要道路宽 4 m，由于附近有矿场，有大型车辆经过，有些路面开裂，下雨天道路积水严重。街道空间如图 16.1~ 图 16.4 所示。

图 16.1　主要道路

图 16.2　次要道路

图 16.3　宅间小路

图 16.4　积水道路

16.2.3　节点空间

村内有一处供人们日常活动的广场，有一些建筑小品，如亭子等，如图 16.5 和图 16.6 所示。

图 16.5　村内广场

图 16.6　广场小品——亭子

广场内有供村民日常休闲、健身、娱乐的体育设施，面积约 400 m²。根据季节以及农业活动，广场的使用率相差较大，且受天气的影响较大，一般夏季及冬季的傍晚，广场的使用率最高。

村内有许多的街景，主要是小河两岸的绿化带，但是不整齐，缺乏系统的规划和保护。

16.2.4　住宅建筑现状

村内现存多数建筑为 20 世纪 90 年代前后建造的砖混结构的平顶和囤顶建筑，以青砖、红砖和石材为主要材料，以石头肌理为装饰元素，少有其他装饰元素，如图 16.7~图 16.10 所示。由于污染、地质灾害等原因，村民普遍希望搬离村庄，不愿新建建筑，所以村内建筑延续性不强。

图 16.7　砖混平顶建筑

图 16.8　街景

图 16.9　门楼

图 16.10　屋檐

村内有少量近二十年新建建筑，建筑外贴瓷砖作为装饰，简约现代，如图 16.11 和图 16.12 所示。村东部因受地质灾害影响，部分房屋有裂缝，房屋安全存在隐患。

图 16.11　临街商业房

图 16.12　倒座房

村内建筑正房大多三间，进深 6 m、面宽 12 m，家庭人口平均约 4 人，人均居住面积 18 m²。宅基地平均三分地，即人均宅基地面积约 50 m²。

村内多数建筑质量整体良好，房屋都有人居住，可以满足生活需求。村内建筑整体偏东南向，临街住宅多东西向并排建造，临街开设大门，方便进出。南北住宅多两户正对。该村住宅布局均为院落式，大部分为单院，只有前院无后院。

建筑南立面大面积开窗，北立面开小窗，有利于穿堂风的形成以及冬季的室内采暖。当心间南北向各开一门，有利于穿堂风的形成，以降低夏季室内温度。建筑结构墙体外通常抹灰或贴砖，用来保温防潮。建筑装饰方式多样，在外墙上抹白灰、水泥或装饰水刷石和瓷砖拼装图案。

16.2.5　用地情况

村民以农业生产为主要经济来源，农业产品主要有玉米、小麦、花生等；也有村民养殖猪、牛、羊、鸡。村旁有黑猫、三精集团等企业以及化工厂。

16.2.6　公共服务设施情况

村内有信用社、广播站、卫生室。村内没有固定的集市，临村有集市。村内有一处文化广场。

16.2.7　道路交通情况

交通出行方式多样，村民多骑摩托车、自行车、电动车，少数村民开私家车，村中有班车通往县城；道路形式为双向单车道。交通方式分布、主次干道、道路剖面图如图 16.13~ 图 16.15 所示。

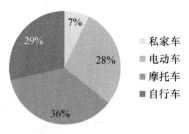

图 16.13　交通方式分布

图 16.14　主次干道

村中主次干道均以水泥铺设，但由于附近有矿厂，常有重型车通过，导致大部分路面开裂；有一部分道路仍为土路，或尘土飞扬或泥泞不堪。

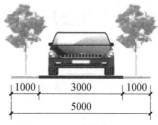

图 16.15　道路剖面图

16.2.8　基础设施情况

村中用水主要为自来水，农田使用地表水灌溉。村中实行水卡缴费。电话、手机全村普及。全村网络普及率约 80%，多为中青年人使用，老年人几乎不使用网络。

村中有固定垃圾倾倒点，定期有专人清理。

16.3　经济现状特征

16.3.1　村民收支状况

村民主要收入来源为务农所得，部分为务工所得；支出主要为子女教育、日常生活、老人医疗，"新农合"普及率较高，减轻了村民的医疗负担。收入来源和支出占比如图 16.16 和图 16.17 所示。

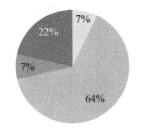

□ 务工　■ 务农　■ 服务业　■ 其他

图 16.16　收入来源占比

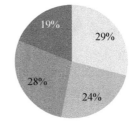

□ 子女教育　■ 老人医疗　■ 日常生活　■ 其他

图 16.17　支出占比

16.3.2　产业结构特征

村民以从事第一产业为主，主要种植玉米、小麦、花生；村旁有第二产业。

16.3.3　能源结构特征

村民夏季主要用电做饭，煤气使用不普遍；冬季采暖主要使用煤炭，有时也用烧玉米芯取暖。

16.4 社会现状特征

16.4.1 人口及家庭结构情况

全村人口数量 4000 多人，总户数约 1000 户，户均约 4 人。该村家庭规模普遍较大，家庭人员总数一般为 3~8 人，以核心家庭为主，隔代家庭次之。村内老年人相对较多，大部分年轻人在外务工或上学，无留守儿童。村内家庭规模和家庭结构比例如图 16.18 和图 16.19 所示。

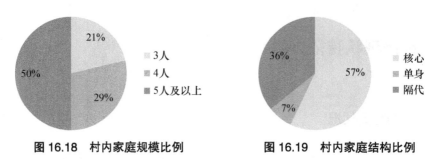

图 16.18 村内家庭规模比例   图 16.19 村内家庭结构比例

16.4.2 劳动力从业情况

村中主要劳动力为农业劳动力，以从事种植业与养殖业为主；少数为工人，在附近汽车配件有限公司、家具厂、硫化碱厂、针织厂、食品厂、谷粒厂、黑猫、三精集团、化工厂等工作；部分为三产服务人员，以开设超市、小卖部为主；少数为无业人员。

16.4.3 村民受教育情况

村民受教育程度普遍偏低，尤其是 60 岁以上的村民，基本上为初中及以下文化程度，极少数为高中及以上学历。学历较高者多为在外工作或上学的年轻人。

16.4.4 社会保障福利

村中绝大多数村民有医保。

16.5 文化现状特征

孩儿屯村历史文化底蕴较浅，唯一有历史文化底蕴的就是几十年前的老式建

筑。这些老式建筑大多用砖或石头建成，村中还有一些石墩，如图 16.20 和图 16.21
所示。

图 16.20　土砖矮墙

图 16.21　石墩

第 17 章

乐亭县王滩镇药王阁村现状调研报告

17.1　概述

17.1.1　区位

药王阁村位于河北省唐山市乐亭县南，距乐亭县政府 28 km 车程，距南侧 364 省道 1.5 km，距唐港高速 12 km，距南侧海边 13.5 km，周围有田庄、苗庄子、羊角村、高庄子等村庄。

17.1.2　自然条件

药王阁村隶属河北省唐山市乐亭县，因靠近海边，属暖温带滨海半湿润大陆性季风气候，四季分明。村中主要种植水稻，也种植一些蔬菜。

17.2　空间现状特征

17.2.1　整体布局

药王阁村由南至北分成三部分，各部分之间以水稻田地分隔，有小路连通，如图 17.1 所示。村庄近年来进行了大规模美丽乡村建设，统一对临街大门进行了设计，刷白墙，并在墙面绘制了宣传画。街道干净平整，沿街立面整齐划一。邻里之间基本上无院墙分隔，均直接连通，仅用菜地或树木作简单划分，独具特色。

图 17.1　药王阁村整体布局

17.2.2　街道空间

村内东西向主要道路长 265 m、宽 6 m，南北向主要道路长 345 m、宽 5 m，路面为混凝土材质，较为平整。主干道与两侧房屋宽高比小于 2：1，能保证两辆车同时通过。村中次要道路宽 4 m，道路为水泥路面，道路平整，便于村民出行。道路边设有路灯，临街的地方有装饰。主要道路与次要道路如图 17.2 和图 17.3 所示。

图 17.2　主要道路

图 17.3　次要道路

宅间路宽 3 m，由村中进行过统一规划，道路整洁，出行方便，实现了户户通，如图 17.4 和图 17.5 所示。

图 17.4　宅间路

图 17.5　入户处

17.2.3　节点空间

村内有一处供村民日常活动的广场，主要用于集会、游乐休闲。广场位于村委会大院内，内有供村民日常休闲、健身、娱乐的体育设施，面积约 400 m²。

根据季节以及农业活动，广场的使用率相差较大，一般夏季及冬季的傍晚，广场的使用率最高。

村内近年来进行了美丽乡村规划，老旧建筑以及一些破旧的景观都已经拆除。

17.2.4　住宅建筑现状

村内临街的门楼由村政府统一规划建设。村民住宅间没有院墙分隔，一般互相连通，院内空地多种植蔬菜，或盖猪圈、养貉子等。建筑多为震后第一批以青砖为主要材质的砖混结构囤顶建筑，以及 20 世纪 90 年代建造的红砖材质平顶建筑，外部贴白色条形瓷砖作装饰。住宅建筑现状如图 17.6~ 图 17.11 所示。

图 17.6　街道

图 17.7　门楼

图 17.8　庭院

图 17.9　正房

图 17.10　沿街壁画　　　　　　　　　　图 17.11　山墙壁画

村内建筑正房大多为三间，进深 8 m、面宽 12 m，家庭人口平均约 4 人，人均居住面积 24 m²。宅基地平均二分五地，人均宅基地面积约 42 m²。

建筑均为砖混结构。建筑质量整体良好，房屋都有人居住，可以满足生活需求。村内建筑整体偏东南向，临街住宅多东西向并排建造，临街开设大门，方便进出。南北住宅多两户正对。

建筑南立面大面积开窗，北立面开小窗，有利于穿堂风的形成以及冬季的室内采暖。当心间南北向各开一门，有利于穿堂风的形成，以降低夏季室内温度。建筑结构墙体外通常抹灰或贴砖，用来保温防潮。建筑装饰方式多样，在外墙上抹白灰、水泥或装饰水刷石和瓷砖拼接图案。在建筑材料方面，主要使用白灰、水泥以及红砖。

17.2.5　用地情况

村民以农业生产为主要经济来源，农业产品主要有水稻等，也有村民养殖猪、牛、羊、鸡等。

17.2.6　公共服务设施情况

村北有一个老年活动站，但是使用率不高。路旁还有一个中国银行的助农服务点。村内有村委会、警务室、卫生所。

村内有固定的集市，每三天开集一次；村中主干道旁有多家小卖部、小型餐饮场所等。村内有一处活动广场。

17.2.7 道路交通情况

交通出行方式多样，村民多骑摩托车、开私家车，少数村民骑电动车，村中有班车通往县城；道路形式为单向车道。交通方式分布、主次干道、道路剖面图如图 17.12~图 17.14 所示。

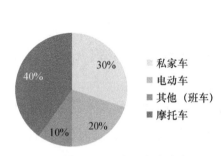

图 17.12 交通方式分布

私家车
电动车
其他（班车）
摩托车

图 17.13 主次干道

村中主次干道均已硬化，大部分路面保护较好，路面较为平整；少部分道路还是土路。

17.2.8 基础设施情况

村中用水主要为自来水，每日有固定供水时间；农田灌溉用附近水库的水。村中实行电卡缴费。电话、手机全

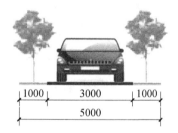

图 17.14 道路剖面图

村普及。全村网络普及率约 60%，多为中青年人使用，老年人几乎不使用网络。村中有固定垃圾倾倒点，定期有专人清理，一般为两天一清。村后有大片麦田，间接起到美化乡村作用。

17.3 经济现状特征

17.3.1 村民收支状况

村民主要收入来源为务农所得，多数家庭养殖貉子（售卖貉子皮毛），少部分村民外出务工。支出主要为子女教育、老人医疗，村内"新农合"普及率较高，村民看病比较方便。收入来源和支出占比如图 17.15 和图 17.16 所示。

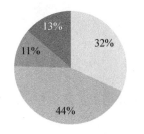

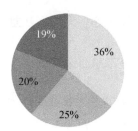

　务工　　务农　　其他　　服务业

　子女教育　　老人医疗　　日常生活　　其他

图 17.15　收入来源占比

图 17.16　支出占比

17.3.2　产业结构特征

村民以从事第一产业为主，主要种植玉米和水稻等作物；村中大部分村民养殖貉子（售卖貉子皮），每家每户规模相似，没有完整的产业链。

17.3.3　能源结构特征

村民夏季主要用电和煤气做饭，冬季主要靠烧煤和植物废料（玉米秆、玉米芯等）取暖、做饭。村民把农田里的植物废料收集起来当作柴火，如图 17.17 和图 17.18 所示。

图 17.17　村民家中储存的柴火

图 17.18　农田中堆砌的柴火

17.4　社会现状特征

17.4.1　人口及家庭结构情况

全村人口约 360 人，总户数约 90 户，户均约 4 人。该村家庭规模普遍较大，家庭人员总数一般为 3~6 人，以核心家庭为主，隔代家庭次之。村内老年人较多，大部分年轻人在外务工或上学，无留守儿童。

17.4.2 劳动力从业情况

村中主要劳动力为农业劳动力，以从事种植业与养殖业为主，部分村民在家养貉子；少数为工人及无业人员。

17.4.3 村民受教育情况

村民受教育程度普遍偏低，尤其是生于 1973 年之前的村民，基本上为初中及以下文化程度，极少数为高中及以上学历。学历较高者多为在外工作或上学的年轻人。

17.4.4 社会保障福利

绝大多数村民有医保。

17.5 文化现状特征

药王阁村历史文化底蕴较浅，村中没有历史建筑。村中以前有药王庙，后被拆除。村民对该村的生活环境与居住环境较满意。该村地处沿海区域，有利于发展渔业，以提高村民的经济水平。村庄进行过美丽乡村系统规划，交通方便，干净整洁，环境优美。

第18章

乐亭县中堡镇老爷庙村现状调研报告

18.1 概述

18.1.1 区位

老爷庙村位于河北省唐山市乐亭县北部，距乐亭县政府 16 km 车程，距西侧 252 省道 6 km，交通便捷，北侧有滦河，周围有杨庄村、真武庙村、杨康庄村、北双庙村。

18.1.2 自然条件

老爷庙村面积较小，地势平坦，北侧紧邻滦河。滦河旁曾有采沙场，现已关闭。村内养殖业、种植业都特别发达，有蔬菜大棚和鸡场、猪场、貉子场等。

18.2 空间现状特征

18.2.1 整体布局

老爷庙村路网建设未经系统规划，道路比较自由散乱。民居大多为联排式布局，但大多民居并非正南朝向，而是有一定偏转角度。

18.2.2 街道空间

村内南北向主要道路长 812 m、宽 5 m，东西向主要道路长 643 m、宽 6 m。路面为混凝土材质，但年久失修，质量不佳，道路坑洼，有些路段损毁严重。

村中次要道路宽 4 m，道路为多年前修建，路面损坏严重，有些地方已经被泥土沙石覆盖，出行不便。主要道路、次要道路如图 18.1 和图 18.2 所示。

图 18.1　主要道路

图 18.2　次要道路

宅间路宽 3 m，修路年份较早，混凝土比较薄，损坏严重。村民家多在入户处自己修一小段水泥路面。宅间小路、入户处如图 18.3 和图 18.4 所示。

图 18.3　宅间小路

图 18.4　入户处

18.2.3　节点空间

村内有一处供村民日常活动的广场。村民在广场上跳舞，每逢周一、周三、周五表演评剧，周二、周四、周六唱歌，还有村民表演皮影、京剧、电子琴、大鼓。村内广场如图 18.5 所示。广场内有供村民日常休闲健身娱乐的体育设施，面积约 600 ㎡。村民夏季去广场较多，冬季一般是三四户邻居围坐在家门口聊天。

图 18.5　村内广场

18.2.4　住宅建筑现状

村内现存建筑多为震后第一批建筑，少数为近十年新建建筑，坐北朝南，以红砖、青砖为主要材质，砖混结构，屋顶为囤顶，正房当心间直接临街开门。住宅临干道建门楼或倒座房，有的门楼直接建在宅院的东侧，不拘一格，使用功能优先。村内建筑的一大特色为东西两侧的院墙临正房的一段会将墙的高度逐节增高，呈阶梯状。建筑山墙、东侧门楼、倒座房、抹灰正房如图 18.6~ 图 18.9 所示。

图 18.6　建筑山墙

图 18.7　东侧门楼

图 18.8　倒座房

图 18.9　抹灰正房

村内养殖业、种植业都特别发达，有蔬菜大棚和鸡场、猪场、貉子场等，故村内有许多与民居形式不同的建筑形式，如大跨度大空间的养殖场，建筑开高窗，屋顶开天窗，注重自然通风；以塑料布搭建的保温大棚，建筑形式独特，蓄热性能好。养殖场、蔬菜大棚如图 18.10 和图 18.11 所示。

村内建筑正房多为三间，进深 6 m、面宽 12 m，家庭人口平均约 3.2 人，人均居住面积约 23 m²。宅基地平均四分地，即人均宅基地面积约 83 m²。

图 18.10　养殖场

图 18.11　蔬菜大棚

村内多为红砖砌筑的砖混囤顶建筑。建筑质量整体良好，房屋都有人居住，可以满足生活需求。村内建筑整体偏东南向，临街住宅多东西向并排建造，临街开设大门，方便交通。南北的住宅之间多两户正对。该村住宅布局均为院落式，大部分为单院，即只有前院无后院。

建筑南立面开大窗，北立面开小窗，有利于穿堂风的形成以及冬季的室内采暖。当心间南北向各开一门，有利于穿堂风的形成，以降低夏季室内温度。

18.2.5 用地情况

村民以农业生产为主要经济来源，农业产品主要有桃、草莓、西红柿等；村中有村民养殖羊、猪、鸡、貉子。

18.2.6 公共服务设施情况

村内有村委会、警务室、卫生室。村内有固定集市，每五天开集一次；沿村中主干道有三家小超市。村中有两处活动广场。

18.2.7 道路交通情况

交通出行方式多样，村民偶尔使用私家车与电动车，村中有公交车通往县城；道路形式为双向单车道。交通方式分布、主次干道、道路剖面图如图 18.12~ 图 18.14 所示。

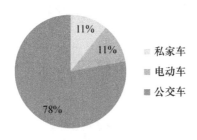

图 18.12　交通方式分布

图 18.13　主次干道

村中主干道均已硬化，但由于受侵蚀时间较长和车辆的过度碾压，部分路面遭受不同程度的损坏；部分次干道和小路仍为土质道路。

村中有连接城乡的公共交通，有固定停车点。

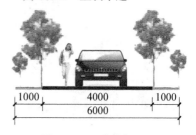

图 18.14　道路剖面图

18.2.8 基础设施情况

村中用水主要来源于深水井（约 260 m 深），农田灌溉使用滦河水或井水。村中实行水卡缴费。电话、手机全村普及。网络全村普及率约 70%，多为中青年人使用。村中有固定垃圾倾倒点，定期有专人清理。

18.3 经济现状特征

18.3.1 村民收支状况

村民主要收入来源依靠种植业和养殖业。种植大棚蔬菜和水果的村民收入较高。村民养殖规模较小。支出主要为子女教育、大棚投资以及老人医疗。收入来源占比、支出占比如图 18.15 和图 18.16 所示。

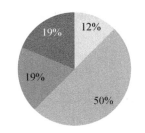
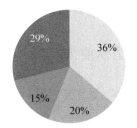

□ 务工 ■ 务农 ■ 服务业 ■ 养殖业　　　　　□ 子女教育 ■ 老人医疗 ■ 日常生活 ■ 大棚投资

图 18.15 收入来源占比　　　　　**图 18.16 支出占比**

18.3.2 产业结构特征

村内以第一产业为主，有"仙桃之乡"的美誉。年轻人主要种植大棚水果和蔬菜。部分村民养殖鸡、猪、貉子。村子旁边曾有一个采沙场，已关停。

18.3.3 能源结构特征

村民夏季主要依靠电和煤气，冬季主要依靠烧煤和柴火。村里还引进了天然气，免费安装管道到家，村民可自己购买天然气取暖，但因费用问题较少人使用。

18.4 社会现状特征

18.4.1 人口及家庭结构情况

全村人口数量约 1370 人，总户数约 430 户，户均约 3.2 人。该村家庭规模普遍较大，家庭人员总数一般为 4~6 人，以隔代家庭和核心家庭为主。村内老年人较多，大部分年轻人在外务工或上学，无留守儿童。村内家庭规模比例、村内家庭结构比例如图 18.17 和图 18.18 所示。

图 18.17 村内家庭规模比例   图 18.18 村内家庭结构比例

18.4.2 劳动力从业情况

村中主要劳动力为农业劳动力，以种植业与养殖业为主；少数为工人；部分为三产服务人员，以开设超市、小卖部为主；少数为无业人员。

18.4.3 村民受教育情况

村民受教育程度普遍偏低，尤其是生于 1973 年之前的村民，受教育程度基本为初中及以下，极少数为高中及以上学历。学历较高者多为在外工作或上学的年轻人。

18.4.4 社会保障福利

村中绝大多数村民享有医保。

18.5 文化现状特征

老爷庙村历史文化底蕴较浅，几乎没有特色历史景点，村中原有一座老爷庙，该村也因此得名。现存建筑多为 20 世纪 90 年代建筑，砖混囤顶，青砖和红砖材质为主，不注重装饰，大多简单自然。

第 19 章

滦南县东黄坨镇东黄坨村现状调研报告

19.1　概述

19.1.1　区位

东黄坨村位于河北省唐山市滦南县西南部东黄坨镇，距滦南县政府 33 km 车程，距南侧沿海高速 1.8 km，距西侧 262 省道 3 km。村中有青龙河流经，周围有西黄坨村、梁各庄村、王各庄村。

19.1.2　自然条件

东黄坨村地势平坦，主要种植水稻、棚菜。

19.2　空间现状特征

19.2.1　整体布局

东黄坨村形态规整方正，路网为棋盘状，布局整齐。整个村庄从卫星图上看类似于长方形，民居大多为联排式布局，多为正南朝向。东黄坨村整体布局如图 19.1 所示。

图 19.1　东黄坨村整体布局

19.2.2　街道空间

村内南北向主要道路长 838 m、宽 5 m，东西向主要道路长 682 m、宽 7 m，路面为混凝土材质，较为平整，但有些路段有坑洼，路面被尘土覆盖，车经过时会带起尘土，对周围行人与车辆造成影响。

村中次要道路宽 4 m，道路为多年前修建，路面有一定损坏。主要道路、尘土路段如图 19.2 和图 19.3 所示。

图 19.2　主要道路

图 19.3　尘土路段

宅间路宽约 2 m，村中还有一座古桥，虽已历经 300 多年的沧桑，但依旧屹立不倒，承担连通村庄河流两岸的重担。村中古桥、村民家中小路如图 19.4 和图 19.5 所示。

图 19.4　村中古桥

图 19.5　村民家中小路

19.2.3　节点空间

村内有一处供村民日常活动的广场，比较干净整洁，如图 19.6 所示。

广场内有供村民日常休闲、健身、娱乐的体育设施，面积约 600 m²。广场上每晚都很热闹，村民在此跳广场舞、直播等。

图 19.6　村内广场

19.2.4　住宅建筑现状

村内建筑中震后第一批青砖材质的囤顶标准前后院民居以及 20 世纪 90 年代建造的水刷石民居与近十年新建建筑随机分布，无统一规划。1976 年唐山大地震前，该村基本上都是十几户住一套房子，震后除村西的十几户以外，统一重新分配土地，宅基地大小、建房面宽进深、建筑式样以及层高均作统一规划；一般建筑有正门、倒座房、前院、正房、后院、后门；有的把后院彻底打开，不设院墙，正房的后门直接与后街道相连。

村内震后第一批标准前后院民居占多数，多建于 20 世纪 80 年代，为青砖材质的砖混结构囤顶建筑，面宽三间，坐北朝南，南立面开大窗，北立面不开窗，如图 19.7~图 19.10 所示。

图 19.7　震后标准前后院民居

图 19.8　门楼

图 19.9　山墙土坯砖

图 19.10　檐椽

村内近十年新建建筑形式多样，有囤顶和硬山顶两种，房屋进深、层高较大，建筑装饰也增多，如图 19.11 和图 19.12 所示。

图 19.11 门楼

图 19.12 新建建筑

村内建筑正房大多 3 间，进深 6 m、面宽 14 m，家庭人口平均约 3.7 人，人均居住面积约 23 m²。宅基地平均 300 m²，即人均宅基地面积约 81 m²。

村内建筑均为砖混结构，墙体材质有青砖、红砖、土坯砖三种。

建筑质量整体良好，房屋都有人居住，可以满足生活需求。村内建筑整体坐北朝南，临街住宅多东西向并排建造，临街开设大门，方便交通。南北的住宅之间多两户正对。该村住宅布局均为院落式，有前后院。

建筑南立面大面积开窗，北立面开小窗，有利于穿堂风的形成以及冬季的室内采暖。当心间南北向各开一门，有利于穿堂风的形成，以降低夏季室内温度。建筑结构墙体外通常会抹灰或贴砖，用来保温防潮。建筑装饰方式多样，在外墙以白灰、水泥或水刷石和瓷砖拼装图案。

19.2.5 用地情况

村民以农业生产为主要经济来源，农业产品主要有玉米、小麦等；也有村民养殖猪、牛、羊，且有成规模养殖的。

19.2.6 公共服务设施情况

村内有村委会、警务室、卫生所，临近还有镇卫生所，村民看病较为便利。

每逢初二、初七，村里有集市；沿村中主干道开有多家小卖部。村内有一处活动广场。

19.2.7 道路交通情况

交通出行方式多样，村民远行多驾驶私家车，村内交通则以电动车为主，村中有班车通往县城；道路形式为单行道。交通方式分布、主次干道如图 19.13 和图 19.14 所示。

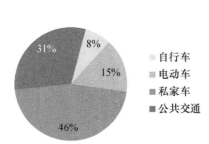

图 19.13 交通方式分布　　　　　　图 19.14 主次干道

村中主干道均已硬化，大部分路面质量较好；次干道部分路面由于车辆长期碾压造成不同程度的损坏；部分村间小路为土质道路，经常尘土飞扬。

村中有连接城乡的公共交通，无明显固定站点。道路剖面图、道路使用情况如图 19.15 和图 19.16 所示。

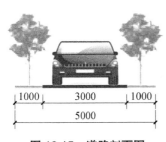

图 19.15 道路剖面图　　　　　　图 19.16 道路使用情况

19.2.8 基础设施情况

村中用水主要为自来水，水质良好；农田灌溉用水为井水。村中实行水卡缴费。电话手机全村普及。网络全村普及率约 70%，多为中青年人使用。村中有固定垃圾倾倒点，定期有专人清理。

19.3 经济现状特征

19.3.1 村民收支状况

村民主要收入来源依靠务农和畜牧（以养羊和养猪居多），部分村民外出务工。支出主要为日常生活、子女教育和老人医疗，"新农合"普及率较高，减轻了村民医疗负担。收入来源占比、支出占比如图 19.17 和图 19.18 所示。

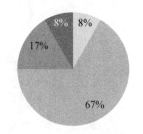

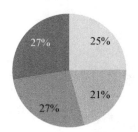

务工 务农 畜牧业 服务业   子女教育 老人医疗 日常生活 其他

图 19.17 收入来源占比　　　　**图 19.18 支出占比**

19.3.2 产业结构特征

村内以第一产业为主，村民主要从事农业与畜牧业，部分村民家中养猪和羊；年轻人在外务工。东黄坨村虽有历史积淀和环境资源，但尚未大力发展旅游业，缺乏经济活力。

19.3.3 能源结构特征

村民夏季主要用电和煤气，也有部分上年纪的村民只用柴火烧饭。村民冬季取暖基本都是烧柴或烧煤，村民家中生炉子和烧火炕。

19.4 社会现状特征

19.4.1 人口及家庭结构情况

全村人口数量约 1178 人，总户数 320 户，户均 3.7 人。该村家庭规模普遍较大，家庭人员总数一般为 3~6 人，以核心家庭为主。村内老年人较多，大部分年轻人在外务工或上学，无留守儿童。村内家庭规模比例和家庭结构比例如图 19.19 和图 19.20 所示。

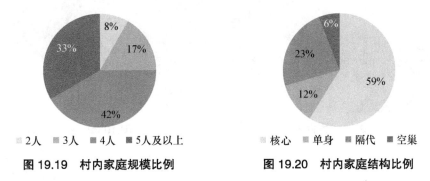

图 19.19　村内家庭规模比例　　　图 19.20　村内家庭结构比例

19.4.2　劳动力从业情况

村中主要劳动力为农业劳动力，以种植业与养殖业为主，该村有菜棚约 120 个，主要为冷棚，种植黄瓜、西红柿等蔬菜；少数为工人，在附近沙石厂工作；部分为三产服务人员，形式以经营超市、小卖部为主；少数为无业人员。

19.4.3　村民受教育情况

村民受教育程度普遍偏低，尤其是生于 1973 年之前的村民，文化教育程度基本为初中及以下，极少数为高中及以上学历。学历较高者多为在外工作或上学的年轻人。

19.4.4　社会保障福利

村中绝大多数村民享有医保。

19.5　文化现状特征

东黄坨村历史文化底蕴深厚，村中现存一座近 300 年历史的古桥，桥的名称为龙河继善桥，始建于雍正二年（1724 年），乾隆三十五年（1770 年）与道光十九年（1839 年）修缮过两次；光绪十九年（1893 年）重修过一次，最近一次修缮在 2015 年；桥的两端各摆设一对石狮，四座石狮大小相似，高 1.228 m、宽 0.393 m、长 0.750 m；桥长 19.810 m，两端各有一个八字折角，长度均为 3.549 m。古桥与石狮、桥上装饰如图 19.21~ 图 19.24 所示。

图 19.21　村内古桥

图 19.22　桥头石狮

图 19.23　古桥与石狮

图 19.24　桥上装饰

第 20 章

滦南县胡各庄镇龙王庄村现状调研报告

20.1 概述

20.1.1 区位

龙王庄村位于河北省唐山市滦南县南部胡各庄镇北部，块状聚落，呈不规则长方形，距滦南县政府 16 km 车程，距北侧唐港高速 5.6 km，距东侧滦海公路 2.6 km，交通便捷。南侧紧邻新滦河，周围有大陈庄村、马各庄村、洼里村。

20.1.2 自然条件

龙王庄村位于东部季风区，四季分明，光照充足，雨量偏少且分配不均，冬寒、春暖、夏热、秋凉，温差较大。村中主要种植水稻、花生、玉米等农作物。

20.2 空间现状特征

20.2.1 整体布局

龙王庄村道路网呈棋盘状，但并不是正南正北，而是有一定角度偏转。村庄整体布局规整方正。村中民居大多为联排式布局，但也并非正南朝向，而是随着路网有一定角度偏转。龙王庄村整体布局如图 20.1 所示。

图 20.1　龙王庄村整体布局

20.2.2　街道空间

村内南北向主要道路长 578 m、宽 6 m，东西向主要道路长 720 m、宽 4 m。路面为混凝土材质，较为平整。主干道与两侧房屋宽高比约为 2∶1，可容两辆车同时通过。

村中次要道路宽 3 m，为十几年前修建的，有些路段已经全被泥土覆盖。主要道路、次要道路如图 20.2 和图 20.3 所示。

图 20.2　主要道路

图 20.3　次要道路

宅间路宽约 2 m，因修路年份较早，水泥层很薄，损坏严重，道路边野草较多。雨后道路泥泞难走，出行多有不便，村民对于道路的改造愿望强烈。宅间小路、宅前土路如图 20.4 和图 20.5 所示。

图 20.4　宅间小路

图 20.5　宅前土路

20.2.3　节点空间

村内有一处供村民日常活动的广场，设有一些运动健身器材。广场面积不大，大约 500 m²，但是适合村民使用。根据季节以及农业活动，广场的使用率在时间段上相差较大，且受天气的影响较大。

龙王庄村地处平原，是冀东地区比较常见的村落，与众不同的是村内房屋屋顶绝大部分是渣子囤顶（由煤渣和白灰构成的囤顶），这使村落的整体景观独具特色。村内广场、村内房屋如图 20.6 和图 20.7 所示。

图 20.6　村内广场

图 20.7　村内房屋

20.2.4　住宅建筑现状

村中现存 90% 以上建筑为震后第一批标准建筑，以青砖或红砖为材质的砖混结构囤顶，少数为近十年新建建筑。有的建筑顶部附加红色彩钢瓦坡顶，用来保温防雨。

村庄整体经过震后统一规划，宅基地宽 12 m，南北进深 25 m。村民多建三间正房，几间厢房，外墙很少有多余装饰，简单实用。建筑南立面开大窗，北立面开小窗，仅在当心间设门。村广场附近一处 1982 年建造的民居，为全村民居层高最高建筑，层高

3.1 m。另外，村内的厕所大多位于宅基地西南角，厕所主体位于围墙之外。街景、南立面、屋顶结构、杂物棚、宅院外西侧厕所、村内层高最高建筑如图 20.8~图 20.13 所示。

图 20.8　街景

图 20.9　南立面

图 20.10　屋顶结构

图 20.11　杂物棚

图 20.12　宅院外西侧厕所

图 20.13　村内层高最高建筑

村内建筑正房大多三间，进深 6 m、面宽 12 m，家庭人口平均约 3.8 人，人均居住面积约 19 m²。宅基地平均三分地，即人均宅基地面积约 53 m²。

建筑质量整体良好，房屋都有人居住，可以满足基本生活需求。村内建筑整体偏东南向，临街住宅多东西向并排建造，临街开设大门，交通便利。南北的住宅之间多两户正对。该村住宅布局均为院落式，大部分为单院，只有前院无后院。

建筑南立面开大窗，北立面开小窗，有利于穿堂风的形成以及冬季的室内采暖。

当心间南北向各开一门，有利于穿堂风的形成，便于夏季降低室内温度。屋顶 95% 为渣子囤顶，由下至上分别为椽子、苇帘、苇八、土层（土）、渣子顶（煤渣＋白灰）；建筑墙体底部为石灰条石，防潮防碱。

20.2.5　用地情况

村民以农业生产为主要经济来源，农业产品主要有水稻、花生、玉米、小麦等；也有村民养殖猪、牛、羊、鸡等。

20.2.6　公共服务设施情况

村内有村委会、警务室、卫生所、活动广场。沿村中主干道开有多家小卖部、超市及小型餐饮店等。

20.2.7　道路交通情况

交通出行方式多样，村民多骑电动车，少数开私家车，村中有班车通往县城；道路形式为单行道。交通方式分布、主次干道及道路剖面图如图 20.14~ 图 20.16 所示。

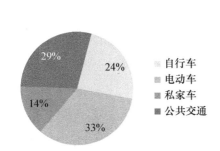

图 20.14　交通方式分布

图 20.15　主次干道

村中主次干道均已硬化，主干道道路情况相对较好，次干道由于长时间无专人管理而受损；小路为土质道路，雨雪天多泥泞。

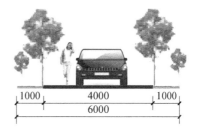

图 20.16　道路剖面图

20.2.8　基础设施情况

村民用水及农田灌溉用水主要是井水。村中实行水卡缴费。电话、手机全村普及。网络全村普及率约 60%，多为中青年人使用。

20.3 经济现状特征

20.3.1 村民收支状况

村民主要收入来源为种植农田，部分村民外出务工。支出主要为子女教育、老人医疗以及农田灌溉等。"新农合"普及率较高，减轻了村民医疗负担。收入来源占比和支出占比如图 20.17 和图 20.18 所示。

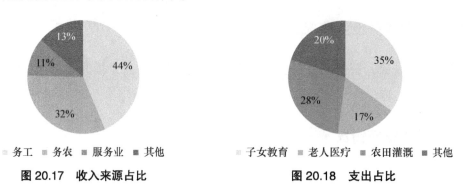

图 20.17　收入来源占比　　　　图 20.18　支出占比

20.3.2 产业结构特征

村内以第一产业为主，多种植水稻、花生、玉米等农作物；养殖户较少。年轻人大多外出务工。

20.3.3 能源结构特征

村民夏季以电和煤气作为主要能源，冬季主要使用煤炭烧火炕取暖，有时为节省煤炭，村民用柴火替代。地表水价格高、耗电量大，村民多抽取井水灌溉农田。

20.4 社会现状特征

20.4.1 人口及家庭结构情况

全村人口数量约 1640 人，总户数约 430 户，户均约 3.8 人。该村家庭规模普遍较大，家庭人员总数一般为 2~6 人，以核心家庭为主。村内老年人较多，大部分年轻人在外务工或上学，无留守儿童。

20.4.2 劳动力从业情况

村中主要劳动力为农业劳动力，以种植业与养殖业为主；少数为工人，在附近药厂、金珠电源厂工作；部分为三产服务人员，以经营超市、小卖部为主；少数为无业人员。

20.4.3 村民受教育情况

村民受教育程度普遍偏低，尤其是生于 1976 年之前的村民，文化教育程度大多数为初中及以下，极少数为高中及以上学历。

20.5 文化现状特征

龙王庄村历史文化底蕴较浅，村中没有历史文化遗迹，也没有代表性历史建筑。

第 21 章

滦南县扒齿港镇寺道院村现状调研报告

21.1 概述

21.1.1 区位

寺道院村位于河北省唐山市滦南县扒齿港镇，距滦南县政府 16 km 车程，距离唐山市 47 km。村西有一条杨柏线与北 1.9 km 外的 362 省道相连。交通便利。周围有新立屯村、李寺村、胡平庄子村。

21.1.2 自然条件

寺道院村隶属滦南县扒齿港镇，年平均降水量 400~800 mm。村内主要农作物为花生、玉米、小麦等。

21.2 空间现状特征

21.2.1 整体布局

寺道院村布局方正，道路网规整。1976 年唐山大地震前，村内大多为大杂院式居住方式，重重院落，层层递进，甚至同一建筑内有两个不同姓氏的家庭，外间为公共过厅，每日必须留门供内院的居民通过，并且厢房三间也居住两户居民。地震后重建时重新分地，大杂院式民居彻底消失。

现在的民居大多为联排式布局，但并非正南朝向，而是有一定的偏转角度。寺道院村整体布局如图 21.1 所示。

图 21.1　寺道院村整体布局

21.2.2　街道空间

村内南北向主要道路长 513 m、宽 8 m，东西向主要道路长 437 m、宽 10 m。路面均为土路，有些路段坑洼，下雨后泥泞难走。村中次要道路宽 5 m，均是土路，雨后路面积水严重，出行不便。宅间路宽 3 m，村中实现了户户通。主要道路（彭李线）、次要道路、宅前小路、入户处如图 21.2~ 图 21.5 所示。

图 21.2　主要道路（彭李线）

图 21.3　次要道路

图 21.4　宅前小路

图 21.5　入户处

21.2.3　节点空间

村内有一处供村民日常活动的广场，比较干净，广场内有供村民日常休闲健身娱乐的体育设施，面积约 500 m²，如图 21.6 所示。

根据村民年龄不同，广场使用率也各不相同，青少年使用时间长，中老年人使用时间短。

村内遗留有一些庙宇和公社，目前都已废弃不用，还有一些震前的老旧建筑，比较有冀东地区特色。

图 21.6　村内广场

21.2.4　住宅建筑现状

村内现存一处历史最久的震前建筑，经过加固修复，仍供村民居住。村内大多数建筑为震后第一批建筑。村庄整体经过震后统一规划，宅基地均面宽 12 m，进深 25 m。

震后第一批建筑所使用的材料、工艺及装饰风格与目前保留的震前单体建筑完全一致，均为青砖材质的砖混结构囤顶建筑，面宽三间，南立面开大窗，北立面不开窗。震前民居南立面、北立面以及震后标准民居前院、后院如图 21.7~ 图 21.10 所示。

村内建筑正房大多 3 间，进深 6 m，面宽 12 m，家庭人口平均 3 人，人均居住面积 24 m²。宅基地平均三分地，即人均宅基地面积约 67 m²。

图 21.7　震前民居南立面

图 21.8　震前民居北立面

图 21.9　震后标准民居前院　　　　　　图 21.10　震后标准民居后院

村内建筑均为砖混结构，墙体材质有青砖、红砖两种。村内多数震后第一批标准前后院建筑为青砖或红砖砌筑的砖混囤顶建筑。建筑质量整体良好，房屋都有人居住，可以满足生活需求。

村内建筑整体偏西南向，临街住宅多东西向并排建造，临街开设大门，方便交通。南北住宅之间多两户正对。该村住宅布局均为院落式，均有前后院。

建筑南立面大面积开窗，北立面开小窗，有利于穿堂风的形成以及冬季的室内采暖。当心间南北向各开一门，有利于穿堂风的形成，便于夏季降低室内温度。外墙体通常会抹灰或贴砖，用来保温防潮。建筑装饰形式多样，在外墙以白灰、水泥或水刷石和瓷砖拼装图案为主。

21.2.5　用地情况

寺道院村耕地面积约 2200 亩，村民以农业生产为主要经济来源，农业产品主要有花生、玉米、小麦等。

21.2.6　公共服务设施情况

村内有村委会、警务室、卫生所。村内有固定的集市，沿村中主干道开有一家小超市、粮食收购站及小型餐饮店等。村内有一处活动广场。

21.2.7　道路交通情况

交通出行方式多样，村民远行多乘坐公共交通，村内则以骑自行车出行为主，村中有班车通往县城；道路形式为双向单车道。交通方式分布、主次干道、道路剖面图如图 21.11~ 图 21.13 所示。

图 21.11　交通方式分布　　　　图 21.12　主次干道

村中道路的主干道路面均已硬化，由于车辆的长期碾压，部分路面遭到损坏；次干道和宅间路仍然为土质道路。

村中有连接城乡的公共交通，无明显固定停车点。

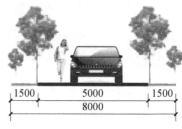

图 21.13　道路剖面图

21.2.8　基础设施情况

村中用水主要为自来水，农田灌溉用水为井水。村中实行水卡缴费。电话、手机全村普及。网络全村普及率约 70%，多为中青年人使用。

21.3　经济现状特征

21.3.1　村民收支状况

村民主要收入来源是务农所得，村中年轻人（除在外求学的学生）大多在外务工。主要支出为子女教育和农田灌溉。"新农合"普及率较高，减轻了村民医疗负担。收入来源占比、支出占比如图 21.14 和图 21.15 所示。

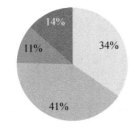

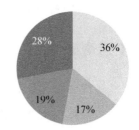

　务工　务农　服务业　其他　　　　子女教育　老人医疗　日常生活　农田灌溉

图 21.14　收入来源占比　　　　图 21.15　支出占比

21.3.2　产业结构特征

村内以第一产业为主，主要种植花生、玉米、小麦等农作物；村中从事养殖活动的村民较少，仅有几户家庭养鸡供自家食用。

21.3.3　能源结构特征

村民夏季主要用电和煤气，偶尔使用灶台烧柴做饭。冬季主要烧煤和植物废料（柴火、玉米秸秆、玉米芯等）取暖、做饭，保证能够获得足够的热量。村中电、柴、煤炭使用率基本持平。灶台烧柴、植物废料如图 21.16 和图 21.17 所示。

图 21.16　灶台烧柴

图 21.17　植物废料

21.4　社会现状特征

21.4.1　人口及家庭结构情况

全村人口数量约 700 人，总户数约 210 户，户均约 3 人。该村家庭规模普遍较大，家庭人员总数一般为 2~6 人，以核心家庭为主。村内老年人较多，大部分年轻人在外务工或上学，无留守儿童。村内家庭规模比例和家庭结构比例如图 21.18 和图 21.19 所示。

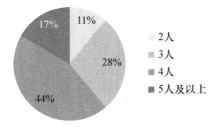

图 21.18　村内家庭规模比例

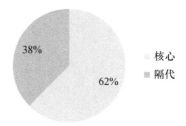

图 21.19　村内家庭结构比例

21.4.2 劳动力从业情况

村中主要劳动力为农业劳动力，以从事种植业与养殖业为主；少数为工人，在附近汽车修理厂、榨油厂、微肥厂、铸铝制品厂工作；部分为三产服务人员，以经营超市、小卖部为主；少数为无业人员。

21.4.3 村民受教育情况

村民受教育程度普遍偏低，尤其是生于 1975 年之前的村民，文化教育程度基本为初中及以下，极少数为高中及以上学历。学历较高者多为在外工作或上学的年轻人。

21.4.4 社会保障福利

村中绝大多数村民享有医保。

21.5 文化现状特征

寺道院村历史文化底蕴不深，村中没有历史遗迹。

第 22 章

滦州市茨榆坨镇草塘坨村现状调研报告

22.1 概述

22.1.1 区位

草塘坨村地处河北省唐山市滦州市南部，位于滦南县与滦州市交界处，距滦州市人民政府 28 km 车程，距滦南县人民政府 23 km 车程，距西侧 262 省道 2.3 km，村庄南侧紧邻何茨线，交通较为便利，周围有余庄村、茨榆坨东街村、养马庄村、东长坨村。

22.1.2 自然条件

草塘坨村与前茨榆坨村、任塔坨村、宋各庄村相邻，物产丰富，山明水秀，环境幽美。村内主要农作物为小麦、玉米、花生、白薯、水稻，主要农产品为欧洲萝卜、黄豆、蕹菜、豆瓣菜、柠檬。村内矿场资源主要是红宝石、芒硝、铜、钼、钛、滑石。

22.2 空间现状特征

22.2.1 整体布局

草塘坨村经过震后统一规划，路网系统规整，村庄整体方正。民居大多为联排式布局。村内门楼形式统一。草塘坨村整体布局如图 22.1 所示。

图 22.1　草塘坨村整体布局

22.2.2　街道空间

村内南北向主要道路长 512 m、宽 8 m，东西向主要道路长 410 m、宽 5 m。村庄南侧有何茨线穿过。村中次要道路宽 4 m，均为十几年前修建的，路面损坏十分严重，部分路段已经全被泥土覆盖。主要道路（何茨线）、次要道路如图 22.2 和图 22.3 所示。

图 22.2　主要道路（何茨线）

图 22.3　次要道路

宅间路宽约 3 m，村中部分道路路面硬化，多数道路为泥土路。宅间小路、宅前土路如图 22.4 和图 22.5 所示。

图 22.4　宅间小路

图 22.5　宅前土路

22.2.3 节点空间

村内有一处供村民日常活动的广场，面积约 400 m²。广场内有供村民日常健身娱乐的公共体育设施。根据季节以及农业活动，广场的使用率在时间段上相差较大，且受天气的影响较大。

22.2.4 住宅建筑现状

村内现存建筑多为震后第一批恢复建筑和近十年新建建筑。多数建筑为 20 世纪八九十年代建造的囤顶建筑，以青砖和石材为主要材质。最为特殊的是门楼部分，门楼上部均有精致的砖雕，装饰内容有花鸟山水、树木等，家家户户各不相同。其标准宅院、门楼、砖雕、街景、建筑山墙如图 22.6~ 图 22.11 所示。

村内近十年新建的建筑多为单层建筑，屋顶为现浇平顶，红砖材质的砖混结构。临街设大门，院内有厢房。建筑墙面、外墙均贴瓷砖。住宅均有前院，无后院。其临街门楼、正房、街景如图 22.12~ 图 22.15 所示。

图 22.6 震后第一批恢复建筑的标准宅院

图 22.7 震后第一批恢复建筑的门楼

图 22.8 震后第一批恢复建筑的砖雕

图 22.9 震后第一批恢复建筑的街景一

图22.10 震后第一批恢复建筑的街景二

图22.11 震后第一批恢复建筑的山墙

图22.12 近十年新建建筑的临街门楼

图22.13 近十年新建建筑的正房

图22.14 近十年新建建筑的街景一

图22.15 近十年新建建筑的街景二

村内建筑正房大多三间，进深 6 m，面宽 12 m，家庭人口平均约 3.7 人，人均居住面积约 19.5 m²。宅基地平均三分地，即人均宅基地面积约 54 m²。

村内建筑均为砖混结构。建筑质量整体良好，房屋都有人居住，可以满足基本生活需求。

村内建筑整体坐北朝南，临街住宅多东西向并排建造，临街开设大门，方便交通。南北的住宅之间多两户正对。该村住宅布局均为院落式，大部分为单院，即只有前院无后院。有一处串联式大杂院，以四个院落构成整个建筑群。

建筑南立面大面积开窗，北立面开小窗，有利于穿堂风的形成以及冬季的室内采暖。当心间南北向各开一门，有利于穿堂风的形成，便于夏季降低室内温度。建筑结构墙体外通常会抹灰或贴砖，用来保温防潮。建筑装饰较为简洁。

22.2.5　用地情况

村民以农业生产为主要经济来源，农作物主要是小麦、玉米、花生、白薯、水稻；部分村民种植棉花，另有村民在家门口种植少量水稻；村中有村民养殖猪、牛、羊、鸡，有许多规模较大。

22.2.6　公共服务设施情况

村内有村委会、警务室、卫生所。村内没有固定集市，每五天开集一次；沿村中主干道有多家小卖部。村内有一处活动广场。

22.2.7　道路交通情况

多数村民选择骑电动车、摩托车出行，骑自行车者偏少。道路形式为单行道。交通方式百分比、主次干道、道路剖面图如图 22.16~ 图 22.18 所示。

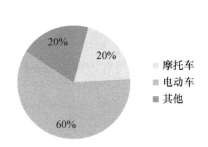

图 22.16　交通方式分布

图 22.17　主次干道

村中主干道已经过硬化，但由于车辆长期碾压，部分道路受到不同程度的损坏；次干道未经硬化，路面多坑洼不平；乡间小路均为土路。

22.2.8　基础设施情况

村中用水主要为自来水，农田灌溉使用井水。村中实行水卡缴费。电话、手机全村普及。网络全村普及率约 65%，多为中青年人使用。村中有固定垃圾倾倒点，定期有专人清理。

图 22.18　道路剖面图

22.3　经济现状特征

22.3.1　村民收支状况

村民主要收入来源为种植农作物和外出务工，每家平均有一人外出务工。村民之间收入相差悬殊，外出务工收入相对较多。支出主要为子女教育、日常生活，"新农合"普及率较高，减轻了村民医疗负担。收入来源占比、支出占比如图22.19和图22.20所示。

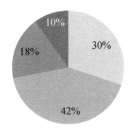

图 22.19　收入来源占比

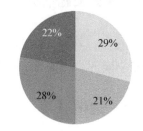

图 22.20　支出占比

22.3.2　产业结构特征

村内以第一产业为主，主要种植小麦、玉米、花生、白薯、水稻，少数村民种植棉花；以前几乎每家每户都养猪，现在很少有村民家养牲畜，但是村中有众多养殖场。村中产业单一。

22.3.3　能源结构特征

村民夏季主要使用电和煤气，上年纪的村民依然用大灶烧柴；冬季主要烧煤炭和柴火，柴火大多是玉米芯、玉米秸秆以及捡拾的木柴。

22.4　社会现状特征

22.4.1　人口及家庭结构情况

全村人口数量约1400人，总户数约380户，户均约3.7人。该村家庭规模普遍较大，家庭人员总数一般为3~6人，家庭结构以核心家庭为主，隔代家庭次之。村内老年人相对较多，大部分年轻人在外务工或上学，无留守儿童。村内家庭规模比例和家庭结构比例如图 22.21 和图 22.22 所示。

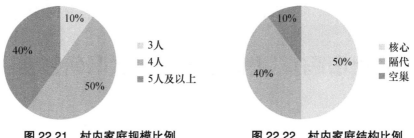

图 22.21　村内家庭规模比例　　　　图 22.22　村内家庭结构比例

22.4.2　劳动力从业情况

村中主要劳动力为农业劳动力，以种植业与养殖业为主；部分村民为工人，在村内养殖场工作；少数村民为三产服务人员，以经营超市、小卖部为主；几乎没有无业人员。

22.4.3　村民受教育情况

村民受教育程度普遍偏低，尤其是生于 1973 年之前的村民，文化教育程度基本为初中及以下，极少数为高中及以上学历。学历较高者多为在外工作或上学的年轻人。

22.4.4　社会保障福利

村中绝大多数村民享有医保。

22.5　文化现状特征

草塘坨村历史文化底蕴较浅，村中没有历史文化遗迹，也没有代表性历史建筑。

第 23 章

滦州市响堂镇前迁义村现状调研报告

23.1 概述

23.1.1 区位

前迁义村位于河北省唐山市滦州市响堂镇东南部，距滦州市人民政府 12 km 车程，距响堂镇人民政府 7.2 km 车程，距西侧 252 省道 1.7 km，东侧有滦河经过。该村与后法宝村相接，周围有王法宝村、小司营村。

23.1.2 自然条件

前迁义村四面环山，滦河由北向南穿村而过。临街种植有山楂树、梨树、核桃树、板栗等，主要农作物为小麦、水稻、玉米，主要农产品有胡萝卜、洋菇、香菜、土豆、柠檬、奇异果、大蒜、杏。村内矿产资源主要有赤铁矿、石膏。

23.2 空间现状特征

23.2.1 整体布局

前迁义村四面环山，东侧有河流穿过，村庄呈带状南北展开。建设时无明显规划，道路比较自由。民居大多为联排式布局，村中有一条路将村庄分为新村与老村两个部分，街道北侧为老村，建筑基本都是震后新建建筑，均为单层建筑，道路南侧部分是政府近些年新批准的宅基地，为村民新建建筑，这部分建筑基本都外贴瓷砖，也有二层、三层建筑。前迁义村整体布局如图 23.1 所示。

图 23.1　前迁义村整体布局

23.2.2　街道空间

村内南北向主要道路长 1.3 km，宽 6 m，东西向主要道路长 359 m、宽 5 m。路面为混凝土材质，较为平整。部分路段因长期碾压出现了裂缝。

村中次要道路宽 4 m，道路质量总体比较良好，局部有裂缝、泥土覆盖；道路两旁种植有行道果树。主要道路、次要道路、宅间小路、田间土路如图 23.2~ 图 23.5 所示。

图 23.2　主要道路

图 23.3　次要道路

图 23.4　宅间小路

图 23.5　田间土路

宅间路宽 2 m，村中已实现户户通，村中道路基本均已硬化，整体质量良好。有部分田间小路为土路。

23.2.3 节点空间

村内有一处供村民日常活动的广场（见图 23.6），位于村边。广场内有供村民日常健身娱乐的公共体育设施，面积约 800 m²。村内现在发展乡村旅游，广场使用对象主要是外来人口。

图 23.6 村内广场

该村历史悠久，村中有一些岳飞、萧太后、辽国等相关景点。

23.2.4 住宅建筑现状

村内临主街的墙上均通过喷绘统一处理，并有手绘的历史宣传画，历史文化气息浓厚。

村内现存大部分建筑为震后第一批恢复建筑，建筑均为以红砖、青砖、石材为主要材质的砖混结构囤顶建筑，面阔三间，临街设门楼。其北立面、门楼、外墙装饰等如图 23.7~ 图 23.10 所示。

村内少数为近十年新建建筑，正房为"三六间"形式，为满足通风采光需求，南立面、北立面均开大窗。临街设大门或建倒座房，院内有厢房。建筑墙面、外墙均贴瓷砖。其正房南立面、正房以及倒座房、标准宅院如图 23.11~ 图 23.14 所示。

图 23.7 震后第一批恢复建筑的北立面

图 23.8 震后第一批恢复建筑的门楼

图 23.9 震后第一批恢复建筑的外墙装饰

图 23.10 震后第一批恢复建筑的临街设门

图 23.11 近十年新建建筑的正房南立面

图 23.12 近十年新建建筑的正房

图 23.13 近十年新建建筑的倒座房

图 23.14 近十年新建建筑的标准宅院

村内建筑正房大多三间，进深 6 m，面宽 12 m，家庭人口平均 4 人，人均居住面积 18 m²。宅基地平均三分地，即人均宅基地面积约 50 m²。

村内建筑均为砖混结构。建筑墙体材质有青砖、红砖、石材三种。建筑质量整体良好，房屋都有人居住，可以满足基本生活需求。村内建筑整体坐北朝南，临街住宅多东西向并排建造，临街开设大门，方便交通。南北的住宅之间多两户正对。该村住宅布局均为院落式，大部分为单院，即只有前院无后院。

建筑南立面开大窗，北立面开小窗，有利于穿堂风的形成以及冬季的室内采暖。当心间南北向各开一门，有利于穿堂风的形成，便于夏季降低室内温度。建筑结构墙体外通常抹灰或贴砖，用来保温防潮。

23.2.5　用地情况

前迁义村耕地面积约 160 亩，村广场占地面积 2100 m²。村内有"司佳应铁矿"，开业已有十多年。

23.2.6　公共服务设施情况

村内有村委会、警务室、卫生所。沿村中主干道开有多家小卖部、粮食收购站及小型餐饮店等。村内有一处活动广场。

23.2.7　道路交通情况

村民远行多乘坐公交车，村内活动则以骑电动车、摩托车为主，私家车使用者偏少；道路形式为单行道。交通方式分布、主次干道、道路剖面图如图 23.15~ 图 23.17 所示。

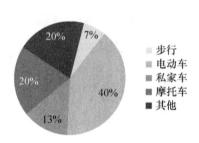

图 23.15　交通方式分布

图 23.16　主次干道

村中道路整体质量良好，主次干道均已硬化，但部分路面由于过往车辆长期碾压造成不同程度的毁坏。村中有连接城乡的公共交通，无固定停车点。

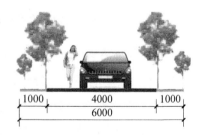

图 23.17　道路剖面图

23.2.8　基础设施情况

村中用水及农田灌溉主要为自来水。村中设置部分渗水井，主干道下方设置下水道。村中实行水卡缴费。电话、手机全村普及。网络全村普及率约 70%，多为中青年人使用。

村中有固定垃圾倾倒点，定期有专人清理。

村中有一处未经治理的河流经过。村内道路两旁统一种植山楂树，如图 23.18 和图 23.19 所示。

图 23.18　村内河流现状　　　　　　　图 23.19　路旁山楂树

23.3　经济现状特征

23.3.1　村民收支状况

村民主要收入来源为种植农田和外出务工。近年来山地承包给村民种植柿子树，也成为村民经济来源之一。支出主要为子女教育、日常生活，"新农合"普及率较高，减轻了村民医疗负担。收入来源占比、支出占比如图 23.20 和图 23.21 所示。

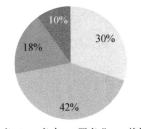 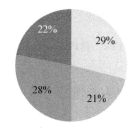

图 23.20　收入来源占比　　　　　　图 23.21　支出占比

23.3.2　产业结构特征

村内以第一产业为主，村民多种植小麦、水稻、玉米、谷子、豆子；山上种植柿子树。村中进行养殖活动较少，几乎没有养殖业。村中历史文化底蕴深厚，环境优美，十分适合发展旅游业。

23.3.3　能源结构特征

村民夏季主要使用电和煤气；冬季主要使用煤炭和柴火取暖（每户每年冬季大约烧两吨煤；柴火主要是山上和地里捡拾，不在房前屋后堆积）。农田灌溉需要用电。

23.4　社会现状特征

23.4.1　人口及家庭结构情况

全村人口数量约 2000 人，总户数约 500 户，户均约 4 人。该村家庭规模普遍较大，家庭人员总数一般为 3~6 人，家庭结构以隔代家庭为主，核心家庭次之。村内老年人相对较多，大部分年轻人在外务工或上学，无留守儿童。村内家庭规模和家庭结构比例如图 23.22 和图 23.23 所示。

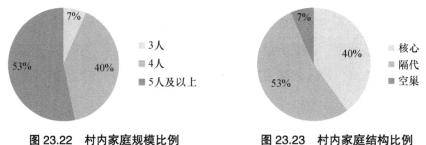

图 23.22　村内家庭规模比例　　　　图 23.23　村内家庭结构比例

23.4.2　劳动力从业情况

村中主要劳动力为农业劳动力，以种植业与养殖业为主；部分村民为工人，在附近铁矿工作；少数村民为三产服务人员，以开设超市、小卖部为主；几乎没有无业人员。

23.4.3 村民受教育情况

村民受教育程度普遍偏低，尤其是生于 1973 年之前的村民，文化教育程度基本为初中及以下，极少数为高中及以上学历。学历较高者多为在外工作或上学的年轻人。

23.5 文化现状特征

前迁义村底蕴深厚，历史文化气息浓厚。附近山上曾发现商代的青铜器，村中还流传有一些历史传说，这些传说被绘制到村中文化墙上。以前村中还有一座古寺，虽然现在已经找不到遗迹，但是村民将当年古寺的风貌绘制在墙上，如图 23.24 和图 23.25 所示。

图 23.24　墙上绘制的历史故事　　　图 23.25　墙上绘制的历史建筑

第 24 章

滦州市九百户镇赵百户营村现状调研报告

24.1 概述

24.1.1 区位

赵百户营村地处河北省唐山市滦州市西部，位于古冶区与滦州市的交界处，距滦州市人民政府 27 km，距古冶区人民政府 22 km。181 乡道穿过村庄，周围有小井峪村、大井峪村、宜安村、李庄村。

24.1.2 自然条件

赵百户营村紧邻青龙山。村中多种植玉米、高粱、红薯、谷子、大葱。

24.2 空间现状特征

24.2.1 整体布局

赵百户营村依山而建，路网自由，震后部分统一规划，布局自由，均为囤顶建筑，前后院布局，重建建筑全部用石头建造，几乎不掺黏土砖；民宅多为联排式布局，但朝向并非正南朝向，而是有一定的偏转角度。赵百户营村整体布局如图 24.1 所示。

图 24.1　赵百户营村整体布局

24.2.2　街道空间

村内南北向主要道路宽约 4 m，东西向主要道路宽约 6 m。路面为混凝土材质，但道路为几年前修建，经长期车辆碾压，路面有一定损坏。村中次要道路宽约 3 m，亦为多年前修建，有些地方已经全被泥土覆盖。主要道路、次要道路如图 24.2 和图 24.3 所示。

图 24.2　主要道路

图 24.3　次要道路

宅间路宽约 2 m，村中已实现户户通，但大多道路为泥土路，道路质量不好。宅间小路、入户路如图 24.4 和图 24.5 所示。

图 24.4　宅间小路

图 24.5　入户路

24.2.3 节点空间

村内有一处供村民日常活动的广场。广场内有供村民日常休闲健身娱乐的体育设施，面积约 500 m²，如图 24.6 所示。

根据季节以及农业活动，广场的使用率在时间段上相差较大，且受天气的影响较大。一般夏季及冬季傍晚广场的使用率较高。

图 24.6 村内广场

24.2.4 住宅建筑现状

该村建筑形式多样，村内有古老的大杂院民居一座，还有几户全部用石头砌筑的囤顶建筑，以及临街建造的门楼。村内现存建筑多为震后第一批建筑，有前院无后院，还有大量近十年新建建筑。

村内有一座震前遗留的大杂院民居，每进院落的两侧均有东西厢房。该老建筑临街有门楼，位于院落东南角位置，正冲大门处有影壁。现存正房五间，为青砖砌筑的砖混结构囤顶建筑；厢房两间，为红砖砌筑的砖混结构囤顶建筑，以及两间临时简易杂物棚，一处猪圈。其门楼、入口影壁、正房、厢房如图 24.7~ 图 24.10 所示。

图 24.7 大杂院建筑的门楼

图 24.8 大杂院建筑的入口影壁

图 24.9　大杂院建筑的正房

图 24.10　大杂院建筑的厢房

　　临街主干道的门楼均为震前门楼样式，使用绵石和青砖建造，门楼样式统一，门楼东侧内壁有神龛，门上有铁制门钉。门楼部分几乎无装饰，仅部分位置有简单石雕几何纹。临街门楼、神龛、门槛如图 24.11~ 图 24.14 所示。

图 24.11　临街门楼一

图 24.12　临街门楼二

图 24.13　神龛

图 24.14　门槛

当地生产绵石，村内有一批用石头建造的囤顶建筑，建筑面宽、进深、高度、形式与普通建筑无二，仅材料部分有所不同。建筑山墙、北立面、石头建筑、街景如图 24.15~图 24.18 所示。

图 24.15　建筑山墙

图 24.16　北立面

图 24.17　石头建筑

图 24.18　街景

村内现存部分红砖材质的砖混结构的囤顶建筑。临街设大门，院内有厢房。建筑勒脚、屋檐及门楼部分有水刷石装饰或贴瓷砖。建筑南立面开大窗，北立面开设小高窗。院落形式多为有前院、无后院样式，临街设后门。临街大门、正房如图 24.19 和图 24.20 所示。

图 24.19　临街大门

图 24.20　正房

　　村内少数近十年新建的建筑，因地处山地，多坐落于高高的台基之上，村内建筑均为单层，多临街建倒座房，院内无厢房。建筑墙面、外墙均贴瓷砖，门楼部分有瓷砖贴面的对联。院落形式多为有前院、无后院样式，临街设后门。正房、大门、倒座房如图 24.21~ 图 24.24 所示。

图 24.21　正房

图 24.22　大门

图 24.23　倒座房一

图 24.24　倒座房二

　　村内建筑正房大多三间，进深 7 m，面宽 12 m，家庭人口平均约 3.3 人，人均居住面积约 26 m²。宅基地平均三分地，即人均宅基地面积约 61 m²。

　　建筑均为砖混结构。建筑墙体材质有青砖、红砖、石材三种。建筑质量整体良好，房屋都有人居住，可以满足基本生活需求。村内建筑整体偏西南向，临街住宅多东西向并排建造，临街开设大门，方便交通。南北的住宅之间多两户正对。

　　建筑南立面开大窗，北立面开小窗，有利于穿堂风的形成以及冬季的室内采暖。当心间南北向各开一门，有利于穿堂风的形成，降低夏季室内温度。建筑结构墙体外通常会抹灰或贴砖，用来保温防潮。

24.2.5　用地情况

　　赵百户村耕地面积约 2000 亩。村民以农业生产为主要经济来源，村中多种植玉米、高粱、红薯、谷子、大葱；有村民养殖牛、羊、驴等牲畜。

24.2.6 公共服务设施情况

村内有村委会、警务室、卫生所。村中有六个超市，购物较方便；邻村有固定集市，附近有商场，方便村民购买各种生活用品。村中有一所幼儿园，两处活动广场。

24.2.7 道路交通情况

多数村民村内活动以骑摩托车为主，私家车、电动车使用者偏少；道路形式为单行道。交通方式分布、主次干道、道路剖面图如图24.25~图24.27所示。

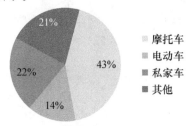

图 24.25　交通方式分布

图 24.26　主次干道

24.2.8 基础设施情况

村中用水主要为深水井水，水质良好；农田灌溉亦使用井水。村中实行水卡缴费。电话、手机全村普及。全村网络普及率约65%，多为中青年人使用。

村中有固定垃圾倾倒点，定期有专人清理。

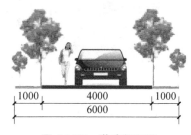

图 24.27　道路剖面图

24.3　经济现状特征

24.3.1 村民收支状况

村民主要收入来源为外出务工和务农所得，村中年轻人多外出务工，中年人大多去城里安家。支出主要为子女教育、日常生活，"新农合"普及率较高，减轻了村民医疗负担。收入来源占比、支出占比如图24.28和图24.29所示。

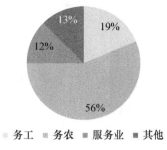

务工　务农　服务业　其他

图 24.28　收入来源占比

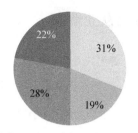

子女教育　老人医疗　日常生活　其他

图 24.29　支出占比

24.3.2　产业结构特征

村内以第一产业为主，主要种植玉米、小麦、花生等农作物。

24.3.3　能源结构特征

村民夏季主要使用电磁炉和煤气做饭，基本不用大灶做饭；冬季取暖、做饭主要使用煤炭和柴火。

24.4　社会现状特征

24.4.1　人口及家庭结构情况

全村人口数量约 1300 人，总户数约 400 户，户均约 3.3 人。该村家庭规模普遍较大，家庭人员总数一般为 2~6 人，家庭结构以核心家庭为主，隔代家庭次之。村内老年人相对较多，大部分年轻人在外务工或上学，无留守儿童。村内家庭规模和家庭结构比例如图 24.30 和图 24.31 所示。

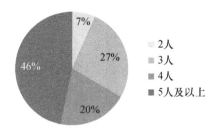

2人　3人　4人　5人及以上

图 24.30　村内家庭规模比例

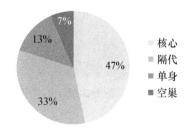

核心　隔代　单身　空巢

图 24.31　村内家庭结构比例

24.4.2 劳动力从业情况

村中主要劳动力为农业劳动力，以种植业与养殖业为主；部分村民为工人，在附近饲料厂、阀门厂、米业公司、丝绸厂、地毯厂、塑料包装制品厂工作；少数村民为三产服务人员，以经营超市、小卖部为主；少数为无业人员。

24.4.3 村民受教育情况

村民受教育程度普遍偏低，尤以生于1973年之前的村民最为明显，文化水平基本处于初中及以下，极少数为高中及以上学历。学历较高者多为在外工作或上学的年轻人。

24.4.4 社会保障福利

村中绝大多数村民享有医保。

24.5 文化现状特征

赵百户营村历史文化底蕴较深，青龙山上有文化古迹望海楼，该寺庙目前是旅游景点（见图24.32），每年庙会村民都会步行上山祈福；近几年新修的马路直通山上，便于游客上山参观。青龙山上每年会举行两次庙会，届时村民多会上山游玩。村中还存有许多老宅，如图24.33所示。

图24.32 远处山峰上的寺庙　　　　图24.33 村中老宅

第 25 章

迁安市太平乡西蛇探峪村现状调研报告

25.1 概述

25.1.1 区位

西蛇探峪村位于河北省唐山市迁安市太平庄乡，距太平庄乡 2.5 km 车程，南侧有京哈高速和 102 国道，西北侧有万太线环绕，304 乡道穿过村庄，交通便利。该村毗邻东蛇探峪村、胡家沟村、苏各庄营村、西辛店村。

25.1.2 自然条件

西蛇探峪村四面环山，森林密集，气候条件较好。村内矿产资源丰富，盛产方锰石、黏土、煤。村里主要种植花生、谷子、玉米、白薯等农作物。

25.2 空间现状特征

25.2.1 整体布局

西蛇探峪村无明显规划，村落布局自由，主要通过道路对村落进行划分。住宅组合以联排为主，部分住宅为混合式，少部分为独栋式。道路将村落大致分为四部分，村内交通便捷。西蛇探峪村整体布局如图 25.1 所示。

图 25.1 西蛇探峪村整体布局

25.2.2 街道空间

村内主要道路为304乡道。道路东西向贯穿村庄，宽6 m、长约900 m。主干道与两侧房屋宽高比小于2∶1，可供两辆车同时通过。

村中次要道路宽4 m，与主干道相接，大多呈南北向。主要道路、次要道路如图25.2和图25.3所示。

图25.2　主要道路　　　　　　　　　　图25.3　次要道路

宅间路宽约2.5 m，修路年份较早，但无重型车辆碾压，所以损坏程度较轻。每条宅间小路情况不同，无统一规划，有的小路环境较差，有村民堆放杂物、养殖牲畜，如图25.4和图25.5所示。

图25.4　宅间小路一　　　　　　　　　图25.5　宅间小路二

25.2.3 节点空间

村内有一处供村民日常活动的广场，位于村委会院内，如图25.6和图25.7所示。广场内有供村民日常休闲健身娱乐的公共体育设施，面积约500 m²。根据季节以及农业活动，广场的使用率相差较大，一般夏季及冬季的傍晚使用率较高。村庄老旧建筑较多，是研究冀东民居建筑的好去处，但是没有形成特有的历史文化节点。

图 25.6　村内广场一

图 25.7　村内广场二

25.2.4　住宅建筑现状

村内有一条 1949 年前就存在的老街，因地震时本村所受影响不大，老街两侧现存大量震前建筑，村内还有部分震后第一批建筑及第二批建筑，风格较为统一，均为囤顶式样，高度相差无几。村内现存正房建筑为三小间或三大间，分"三破四""三破五""三破六"，形式不拘一格。

临街现存的震前建筑多为青砖材质的砖混结构囤顶建筑，勒脚部分使用石材。屋顶部分使用梁、檩、椽承力。这批建筑之前的建筑多为坡顶草房，顶部覆盖从山上采的红草，用石头和泥土砌筑墙体，一层石头加一层泥。震前建筑的门楼、厢房、正房如图 25.8~ 图 25.11 所示。

图 25.8　震前建筑的门楼

图 25.9　震前建筑的厢房

图 25.10　震前建筑的正房样式一

图 25.11　震前建筑的正房样式二

村内主干道两侧的建筑多坐落在高高的台基之上（见图 25.12），标高高于路面 1.5 m 左右。现存大多数建筑为 20 世纪 90 年代所建，均为红砖材质的砖混结构平顶建筑，墙体上用彩色石子拼贴出山水、植物、动物、文字等寓意吉祥的符号，如图 25.13~ 图 25.15 所示。

图 25.12　宅基地有高差的民居

图 25.13　门楼

图 25.14　水刷石民居

图 25.15　倒座房

村内少数近十年新建建筑为二层楼房和单层平顶房，北侧开高窗，建筑墙面、外墙均贴瓷砖，门楼部分有装饰。院落形式多为有前院、无后院样式，临街设后门。近十年新建建筑的二层楼房、门楼、北立面、西立面如图 25.16~ 图 25.19 所示。

图 25.16　近十年新建建筑的二层楼房

图 25.17　近十年新建建筑的门楼

图 25.18　近十年新建建筑的北立面

图 25.19　近十年新建建筑的西立面

　　村内建筑正房大多三间，进深 6 m、面宽 12 m，家庭人口平均约 3.3 人，人均居住面积约 22 m²。宅基地平均三分地，即人均宅基地面积约 61 m²。

　　建筑均为砖混结构，墙体材质有青砖、红砖、石材三种。建筑质量整体良好，房屋都有人居住，可以满足生活需求。村内建筑整体偏西南向，临街住宅多东西向并排建造，临街开设大门，方便交通。南北的住宅之间多两户正对。

　　该村住宅布局均为院落式，大部分为单院，即只有前院无后院。建筑南立面多开大窗，北立面开小窗，有利于穿堂风的形成以及冬季的室内采暖。当心间南北向各开一门，有利于穿堂风的形成，以降低夏季室内温度。建筑结构墙体外通常会抹灰，用来装饰及保温防潮。建筑风格较为统一，均为囤顶式样，高度相差无几。

25.2.5　用地情况

　　村里主要种植花生、谷子、玉米、白薯等农作物。

　　村旁有一家玻璃厂与一家橡胶厂，有大量村民在那里务工，是村民经济主要来源之一。

25.2.6　公共服务设施情况

　　村内有村委会、警务室以及两处卫生所。村内没有固定集市，每五天开一次集；

沿村中主干道开有多家小卖部及小型餐饮店等。村内有一处活动广场。

25.2.7 道路交通情况

多数村民选择乘坐公共交通或驾驶私家车出行，村内活动则以骑电动车为主；道路形式为单行道。交通方式分布、主次干道、道路剖面图如图 25.20~ 图 25.22 所示。

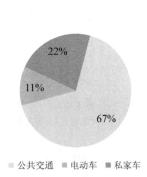

图 25.20 交通方式分布

图 25.21 主次干道

村中主次干道均已硬化，由于历经的时间较长，大部分路面已经很不平整。

25.2.8 基础设施情况

村中用水主要为自来水，农田灌溉使用井水。村民家中有渗水井。村中实行水卡缴费。电话、手机全村普及。全村网络普及率约60%，多为中青年人使用。村中有固定垃圾倾倒点，定期有专人清理。

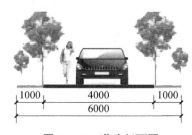

图 25.22 道路剖面图

25.3 经济现状特征

25.3.1 村民收支状况

年轻人收入来源主要为在玻璃厂务工所得，中年人收入主要依靠种植农作物。支出主要为子女教育，"新农合"普及率较高，减轻了村民医疗负担。收入来源占比、支出占比如图 25.23 和图 25.24 所示。

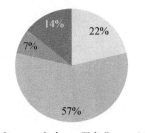

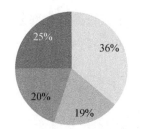

务工　务农　服务业　无业　　　　　子女教育　老人医疗　日常生活　其他

图 25.23　收入来源占比　　　　　　　图 25.24　支出占比

25.3.2　产业结构特征

村内以第一产业为主，主要种植花生、谷子、玉米、白薯等农作物；第二产业，即村西头的玻璃厂，为年轻人提供了就业机会，带动了经济发展。

25.3.3　能源结构特征

村民夏季主要用电和煤气；冬季主要烧植物废料（柴火、玉米秸秆、玉米芯等）。用电量较大，其他能源用量基本持平。少数村民家中安装太阳能热水器获取热水，节省能源。村内玉米秸秆燃料、木柴如图 25.25 和图 25.26 所示。

图 25.25　玉米秸秆燃料　　　　　　　图 25.26　木柴

25.4　社会现状特征

25.4.1　人口及家庭结构情况

全村人口数量约 1200 人，总户数约 360 户，户均约 3.3 人。该村家庭规模普遍较大，家庭人员总数一般为 3~6 人，家庭结构以核心家庭和隔代家庭为主，空巢家庭次之。村内老年人相对较多，大部分年轻人在外务工或上学，无留守儿童。村内家庭规模和家庭结构比例如图 25.27 和图 25.28 所示。

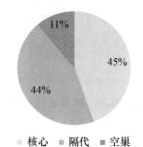

图 25.27　村内家庭规模比例　　　　图 25.28　村内家庭结构比例

25.4.2　劳动力从业情况

村中主要劳动力为农业劳动力，以种植业与养殖业为主；部分村民为工人，在附近玻璃厂、焦化厂、橡胶厂工作；少部分村民为三产服务人员，以开设超市、小卖部为主；几乎没有无业人员。

25.4.3　村民受教育情况

村民受教育程度普遍偏低，尤其是生于 1973 年之前的村民，文化教育程度基本上为初中及以下。

25.4.4　社会保障福利

村中绝大多数村民享有医保。

25.5　文化现状特征

蛇探峪村村名由来：很久以前村里来了一条冻僵了的小蛇，一个卖小商品的南方人将小蛇收留，养大后放生。而蛇并没有走远，人们总能看到它，此后这个村就叫蛇探峪村。后来蛇探峪村又分成两部分，一部分是东蛇探峪，一部分是西蛇探峪。

村中山上原有一尊石佛，宽一丈，长三丈，高二丈，庙宇为唐朝时修建，现已损毁。

第 26 章

迁安市五重安乡万宝沟村现状调研报告

26.1 概述

26.1.1 区位

万宝沟村位于河北省唐山市迁安市五重安乡西北部，距迁安市 31.8 km，距乡道 308 和乡道 300 均为 2.4 km，交通便利。万宝沟村南有 1.8 km² 的万宝沟水库，东部毗邻茶井沟村。

26.1.2 自然条件

万宝沟村地势西高东低。南部有汇水，面积 1.8 km²、总库容 170 万 m³、设计灌溉面积 3000 亩的万宝沟水库，如图 26.1 所示。村中主干道旁引水库之水建成水渠（见图 26.2），以调节村中微气候。该村基址建在山地上，村民利用区位优势新建果园采摘园，成为村中最重要的经济来源。

图 26.1　万宝沟水库

图 26.2　修建沟渠

26.2 空间现状特征

26.2.1 整体布局

万宝沟村民居布局形式属于混合式（见图 26.3），东西主路以北集中分布在西侧，呈现聚落式布局，东侧主要呈条状布局；主路以南是较为规整的条带式布局（见图 26.4）。

图 26.3 万宝沟村总体布局

图 26.4 条状布局民居

村内住宅依山势而建，多数为联排，部分为独栋建筑，由于山体原因，出现少数山地自由组合式住宅，如图 26.5~ 图 26.7 所示。

图 26.5 联排式住宅

图 26.6 独栋式住宅

图 26.7 山地自由组合式住宅

26.2.2　街道空间

　　万宝沟村主入口设置在东北部，村内有两条主要道路，呈十字交叉状，南北向主干道长约 680 m，是连接村内与外界的主要道路。东西主干道长约 260 m，主要联系周围村庄，交通便利，有实现协同发展的可能性。

　　村中主要道路宽 6 m，南北走势道路沿水渠展开，东西走势道路与水库边岸遥相呼应，环抱南侧民居，如图 26.8 和图 26.9 所示。

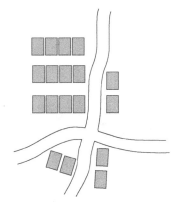

图 26.8　主要道路走势及两边住宅

图 26.9　主路相交处村内整体景观

　　次要道路宽 4 m，由于山地地形复杂，两条次要道路有高度差（见图 26.10）。宅间小路宽约 3.5 m，如图 26.11 所示。

图 26.10　次要道路依山体走势

图 26.11　宅间小路

26.2.3　节点空间

　　村内有一处开放广场，位于村委会院内，面积约 800 m²，广场内有公共健身器材（见图 26.12）。位于村北的百年老屋前设置了供村民休息的石凳，环绕万宝沟水库设置的步行景观道有可乘凉休憩的长廊，村内水库旁每年会举行万人徒步大会。位于村西的榆钱园内有根雕长凳。

村中还有分散的景观节点，分别为位于村北的百年老屋、环绕万宝沟水库设置的步行景观道以及位于村西的榆钱园，如图 26.13~ 图 26.15 所示。

根据季节以及农业活动的不同，广场的使用率相差较大。村民在家附近的景观节点活动较多。

万宝沟村四面环山，紧邻水库，山上有明清时期遗留的长城景观。2016 年该村进行了整体美丽乡村建设，发展旅游业，其中包括重修道路、街道墙体及统一翻盖门楼，修建污水处理系统，以及河道改造、景观小品设置、环水库步行道规划、长城景观改善及采摘园、美术展览室等的建设，得到广大村民一致好评。

图 26.12　村内广场

图 26.13　百年老屋

图 26.14　万宝沟水库环游步道

图 26.15　榆钱园

26.2.4　住宅建筑现状

村内现存十几处震前建筑，为囤顶或硬山顶，建筑墙体材质为石头或土坯，囤顶为渣子顶，硬山屋顶铺设小青瓦，均以木构架为骨架，南向整面开门窗，北向开小窗，南北均设门，为标准前后院布局，并附有山墙装饰，如图 26.16 和图 26.17 所示。

图 26.16　青砖囤顶建筑

图 26.17　石材囤顶建筑

　　该村建筑多为前后院，硬山顶式样，70%的建筑为近二十年新修，多为红砖材质，红色缸瓦铺顶。村内建筑多注重建筑山墙立面装饰，20 世纪 90 年代新建的建筑大多会在山墙上用红砖拼贴出"囍"字（见图 26.18），寓意双喜临门。近十年新建建筑多外表面贴瓷砖作装饰。2016 年进行整体美丽乡村规划时，村内大部分民居都被统一改造外貌，贴灰砖白缝的面砖，如图 26.19 所示。

　　万宝沟村中有一座百年老屋，正房坐西朝东，为村内朝向最为特殊的一处。该建筑面阔四间，有后院无前院，为冀东地区建筑平面布局的一种新发现。老屋最北端为一间开敞间，可以从街道穿入内院。建筑采用梁柱结构承重，抬梁式构架。围护墙体采用石头、青砖、土坯砖三种材质，其中主要为石材，如图 26.20~ 图 26.23 所示。

图 26.18　山墙装饰

图 26.19　灰砖白缝面砖

图 26.20　百年老屋

图 26.21　老屋北端开敞间

图 26.22　老屋南侧石材山墙

图 26.23　老屋西侧土坯砖立面

村内建筑三间房居多，建筑多进深约 6 m，面宽 11 m，家庭人口平均约 3.5 人，人均居住面积约 19 m²。村内有少数二层建筑。村民宅基地多为三分地，人均宅基地面积约 57 m²。

建筑均为红砖材质的砖混结构建筑。建筑墙体材质有青砖、红砖、土坯砖三种，屋顶有红色缸瓦铺设的硬山顶、小青瓦铺设的硬山顶和渣子顶三种。近二十年新修的建筑都有人居住，震前建筑和震后第一批恢复建筑已荒废，多作为搁置杂物的仓库。

建筑多坐北朝南，根据山地高差依山就势，高低错落有致。临街住宅多东西向并排建造，临街开设大门，方便交通。该村住宅布局均为院落式，分有前后院、有前院无后院、有后院无前院三种。

建筑南立面开大窗，北立面开小窗，有利于穿堂风的形成以及冬季的室内采暖。当心间南北向各开一门，有利于穿堂风的形成，以降低夏季室内温度。现存建筑墙体外通常会贴面砖，用来防潮保温。建筑装饰统一，村内有统一的规划，均在墙体外部贴灰砖白缝的面砖作装饰。

26.2.5　用地情况

村中多种植栗子树和核桃树，都种在山地上，平地上农田少，多种植玉米、花生、红薯、谷子，不人工灌溉。

26.2.6　公共服务设施情况

村内有村委会、警务室，仅沿村主干道有一小卖部。村内有四处活动广场。

26.2.7　道路交通情况

交通出行方式多样，村民多骑自行车，少数开汽车或骑摩托车，村中有公交车通往城区；道路形式为双向单车道。交通方式分布、主次干道如图 26.24 和图 26.25 所示。

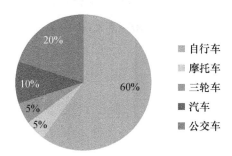

20%	▨ 自行车
10%	▨ 摩托车
5%	▨ 三轮车
5%	■ 汽车
60%	■ 公交车

图 26.24　交通方式分布

图 26.25　主次干道

村中道路质量良好，为现浇混凝土路面；因地处山区，道路高低错落，生动丰富。村中无固定停车位，车辆多停在自家院子或随意停在路边。

26.2.8　基础设施情况

村民靠自家的深水井抽取饮用水。村中配备太阳能污水处理设施。

村内有电网系统，且全村普及，采用电卡缴费。电话、手机全村普及。全村网络普及率约 60%，多为中青年人使用。村内有固定垃圾站点，定期有专人清理。村中每户都有独立厕所，为旱厕，无公共厕所；粪便排入自家粪池，每户各自定期清理。

26.3　经济现状特征

26.3.1　村民收支状况

村民主要收入来源为种植栗子、核桃及农作物所得，村中有部分村民养蜂；支出主要为子女教育和日常生活，"新农合"普及率较高。收入来源占比、支出占比如图 26.26 和图 26.27 所示。

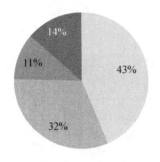
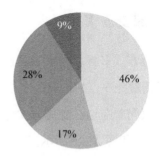

　务工　　务农　　渔业　　其他　　　　　子女教育　老人医疗　日常生活　其他

图 26.26　收入来源占比　　　　　　　图 26.27　支出占比

26.3.2　产业结构特征

村内以第一产业为主，村内多为山地，以种植栗子、核桃为主，种植农作物为辅，有若干户以养蜂为生。

26.3.3　能源结构特征

村民夏季主要用电和煤气，冬季用煤和柴。电、煤、柴占比基本持平。村中道路两旁装有太阳能路灯（见图 26.28），节能环保，村中还统一安装了利用太阳能进行污水处理的装置（见图 26.29）。

图 26.28　太阳能路灯　　　　　　图 26.29　太阳能
污水处理装置

26.4　社会现状特征

26.4.1　人口及家庭结构情况

全村人口数量 302 人，总户数 86 户，户均约 3.5 人。该村家庭人口规模适中，家庭人员总数一般为 3~4 人，隔代家庭与核心家庭居多。村内中年人较多，年轻人较少，邻村有小学。

26.4.2　劳动力从业情况

村中主要劳动力为农业劳动力，以种植业（板栗示范基地）与养殖业为主，养殖业从业人员较少；少数为工人，在附近商贸有限公司和采摘园工作；仅两三家为三产服务人员，主要经营食品蔬菜；极少数年老者和丧失劳动力者无业。

26.4.3　村民受教育情况

村民受教育程度普遍偏低，村中 45 岁以上的村民文化教育程度基本上为小学及以下；40 岁以下的村民有初中或高中学历；村中儿童大多在上小学或初中，高中及以上的青少年大多不在家中居住。

26.4.4　社会保障福利

村中大多数村民享有医保。该村没有养老院，部分老年人在自家养老，由子女照看；少数空巢老人常年独居。

26.5　文化现状特征

村内有一处明清长城遗址（见图 26.30），村中旅游业也因此兴起，并作为国际长城万人徒步大会的路线必经地。村中经过统一规划，建筑风格全部为长城青砖样式。

村内有万宝山水库，2016 年 9 月，万宝沟村作为美丽乡村北部片区重点村庄建设，水库也被打造成集拦洪养鱼、改善区域气候、景观观赏等多功能于一身的亮丽风景，如图 26.31 所示。

图 26.30　明清长城遗址

图 26.31　万宝沟水库

在 2017 年全国改善农村人居环境示范村名单中，环境整治示范村共 97 个，河北省共有三个村入选，迁安市五重安乡万宝沟村是唐山市唯一入选村庄。

该村进行了统一规划，打造 3000 亩果品采摘园、150 亩板栗园，建养蜂场，打造药材种植基地，建立农村电商服务站，依托丰富的水库资源，打造水上乐园，发展垂钓、水上乐园等项目，发展乡村休闲游，乡村旅游成为农民增收的法宝。

第 27 章

迁西县太平寨镇兰城沟村现状调研报告

27.1 概述

27.1.1 区位

兰城沟村位于河北省唐山市迁西县东北角 44.9 km 处，东西两侧绵延不绝的山脉将村落夹在其中，仅有 219 乡道与外界相连，距离太平寨镇 13 km。南北两侧均为条形小村庄，如图 27.1 和图 27.2 所示。

图 27.1 绵延不绝的山脉

图 27.2 广场

27.1.2 自然条件

兰城沟村位于两山之间地势较平坦的区域，村中地势高差明显。部分民居利用坡道建在高台上，村中的栗子树种在有高差的台地上，如图 27.3 和图 27.4 所示。村中主要种植玉米、白薯、豆子、谷子、高粱，少数种植栗子。

图 27.3　台地上的民居

图 27.4　栗子树种植地

27.2　空间现状特征

27.2.1　整体布局

　　兰城沟村东西两侧均为绵延不绝的山脉，村落呈长条形沿 219 乡道分布（见图 27.5 和图 27.6）。老城墙将村子分为两部分：古城里的住宅大多为唐山大地震以前所建，材料老旧，现在基本无人居住；古城外是唐山大地震后修建的房屋，大多是砖瓦房。民居依道路而建，朝向有偏东南，也有偏西南，形式自由，无特定形式。村中有一条水沟，如图 27.7 和图 27.8 所示。

图 27.5　兰成沟村及周边环境

图 27.6　兰成沟村整体布局

图 27.7　水沟东侧

图 27.8　水沟西侧

27.2.2　街道空间

村内有一条主要道路（219 乡道），位于村东侧，并不穿过村庄，如图 27.9 所示。道路宽约 6 m、长约 850 m。

图 27.9　混凝土主干道

图 27.10　土质次干道

村中次要道路宽 3.5 m，与主要道路垂直相接。村中有两条次要道路（见图 27.10 和图 27.11），呈十字交叉分布，形成放大的空间节点，村民喜欢在此闲聊。村中有条水沟，次干道因水沟分成两条。

宅间小路宽约 3 m。老城墙里的宅间小路为混凝土材质，由于年久失修，破损程度较大；新建筑前的宅间小路规则平整，如图 27.12 和图 27.13 所示。

图 27.11　次干道

图 27.12　宅间小路一

图 27.13　宅间小路二

27.2.3 节点空间

村内有一处供村民日常活动的广场（见图 27.14），还有一些比较开阔的观光场所。

广场内有供村民日常休闲健身娱乐的体育设施，面积约 500 m²。根据季节以及农业活动，广场的使用率相差较大，一般夏季及冬季的傍晚使用率最高。

村内有一段遗留的老城墙和一座城门（见图 27.15 和图 27.16），内部为原来的老城区。

图 27.14 活动广场

图 27.15 古城墙

图 27.16 古城门

27.2.4 住宅建筑现状

村内民居未经震后统一规划，依山就势而建，道路蜿蜒曲折，高低坡道自由流转。古城内保留的老建筑均为震前建筑，有正房、厢房，厢房多为单坡顶（见图 27.17~ 图 27.24）。建筑均以石头为主要材料垒砌，以青砖作为辅助，木柱作为房屋骨架，南向立面四分之三面积开门窗，后院较小，前院较大，院内多种植柿子树，并在院内发现一座深水井。

城墙外的建筑都为震后建筑，多为红砖砌筑的砖混结构硬山顶建筑，屋顶铺设小青瓦或水泥板瓦。近二十年新建的建筑，屋顶铺设红色缸瓦，建筑外墙面贴白色瓷砖（见图 27.25 和图 27.26）。部分住宅的门楼临干道设置，开设在住宅东侧或西侧，形式自由。民居或聚集，或由树林、农田隔开，路径自由，充满趣味性。

图 27.17　城内古民居院内

图 27.18　城内古民居院外

图 27.19　城内古民居

图 27.20　古民居北立面

图 27.21　正房

图 27.22　单坡顶厢房

图 27.23　单坡顶厢房

图 27.24　倒座房

图 27.25 标准院入口 图 27.26 标准院入口

村内建筑正房大多五间，进深 8 m、面宽 15 m，家庭人口平均约 3.3 人，人均居住面积约 36 m²。宅基地平均三分地，即人均宅基地面积约 61 m²。

村内建筑均为砖混结构。墙体材质有青砖、红砖、石材三种，屋顶瓦有小青瓦、红色缸瓦和水泥板瓦三种。村内多数建筑为 20 世纪 90 年代后新建建筑，还有近十年新建建筑和六套百年民居住宅。建筑质量整体良好，可以满足生活需求。

村内建筑整体偏东南向，临街住宅多东西向并排建造，临街开设大门，方便交通。南北的住宅之间多两户正对。该村住宅布局均为院落式。

建筑南立面多开大窗，北立面开小窗，有利于穿堂风的形成以及冬季的室内采暖。当心间南北向各开一门，有利于穿堂风的形成，以降低夏季室内温度。建筑结构墙体外通常会抹灰，用来装饰及保温防潮。建筑装饰方式多样，有的建筑裸露青砖结构，在山墙部位以青砖拼装几何图案；有的在墙体外表直接抹灰；有的在墙体贴白色瓷砖。

27.2.5 用地情况

村中大多种植玉米、白薯、豆子、谷子、高粱，也有部分种植栗子。

27.2.6 公共服务设施情况

村内有村委会、警务室、卫生所。

村旁山上的野长城和村内的古城墙吸引了一些游客到此参观游玩，甚至有制作公司来这里取景拍摄电影，因此催生了村中农家乐的产生，沿村主干道开有多家小卖部。村内有一处活动广场。

27.2.7 道路交通情况

村民村内活动以骑摩托车和电动车为主，私家车使用者偏少；道路形式为单行道。交通方式分布、主次干道、道路剖面图以及道路使用情况如图 27.27~ 图 27.30 所示。

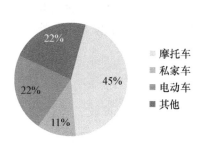

图 27.27 交通方式分布

图 27.28 主次干道

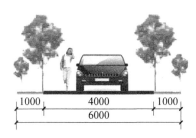

图 27.29 道路剖面图

图 27.30 道路使用情况

村中主干道在十几年前硬化，由于时间较长，大部分已经被毁坏；次干道大部分已经硬化；部分小路仍为土路。

27.2.8 基础设施情况

村中用水主要为井水，农田基本不采用人工灌溉。村中实行水卡缴费。电话、手机全村普及。全村网络普及率约 65%，多为中青年人使用。

27.3 经济现状特征

27.3.1 村民收支状况

年轻人收入来源主要为外出务工。支出主要为子女教育和老人医疗，"新农合"普及率较高。收入来源占比、支出占比如图 27.31 和图 27.32 所示。

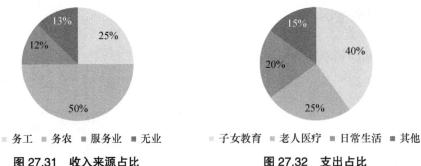

图 27.31　收入来源占比　　　　图 27.32　支出占比

27.3.2　产业结构特征

村内以第一产业为主，主要种植玉米、白薯、豆子、谷子、高粱，少数村民种板栗；夏季也发展旅游业，但是不成规模，村中只有一家农家乐和一个超市。

27.3.3　能源结构特征

村民夏季主要使用电和柴，冬季采暖主要烧煤。山区较冷，每户每个冬季使用2~3t 煤。

27.4　社会现状特征

27.4.1　人口及家庭结构情况

全村人口数量约 1000 人，总户数约 300 户，户均约 3.3 人。该村家庭规模普遍较大，家庭人员总数一般为 3~6 人，家庭结构以核心家庭为主，隔代家庭次之。村内老年人相对较多，大部分年轻人在外务工或上学。村内家庭规模和家庭结构比例如图 27.33 和图 27.34 所示。

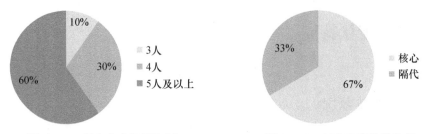

图 27.33　村内家庭规模比例　　　　图 27.34　村内家庭结构比例

27.4.2　劳动力从业情况

村中主要劳动力为农业劳动力，以种植业与养殖业为主，大部分村民种植栗子；少部分村民为三产服务人员，以开设超市、小卖部为主，少部分经营农家乐；有极少数无业人员。

27.4.3　村民受教育情况

村民受教育程度普遍偏低，尤其是生于 1973 年之前的村民，文化教育程度基本为初中及以下，极少数为高中及以上学历。学历较高者多为在外工作或上学的年轻人。

27.4.4　社会保障福利

村中绝大多数村民享有医保。

27.5　文化现状特征

兰城沟村四面环山，山上有明清时代遗留的长城，蜿蜒匍匐，连绵不断。村口立有戚继光的塑像，如图 27.35 和图 27.36。

村中有一座老城楼（见图 27.37），传说是秦始皇时期修建。以前村民会把城墙上的砖拆下来盖自家的房子，近几年村里对老城楼进行了保护，还有电影剧组在此取景。村内有一座城门，内部有五六座完整的老建筑，经常有游客上山登野长城和参观古城楼，村中现有一家农家乐，专门为游客提供食宿服务。村内有"岩石鼻祖"遗迹（见图 27.38）与一座道教寺观等景点。

图 27.35　古长城

图 27.36　戚继光雕塑

图 27.37　古城楼城墙

图 27.38　岩石鼻祖

第 28 章

代表建筑 BIM 模型

28.1 玉田县石臼窝镇石臼窝村土坯硬山顶建筑

玉田县石臼窝镇石臼窝村土坯硬山顶建筑的平面图、立面图和剖面图如图 28.1 所示，BIM 模型图如图 28.2 所示。

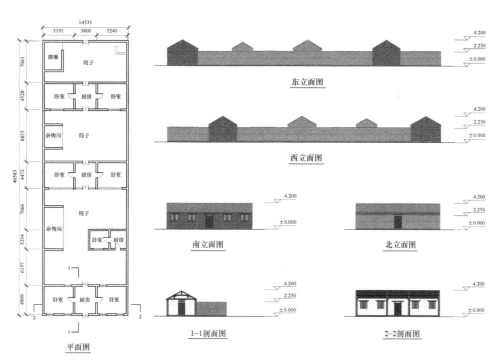

图 28.1 玉田县石臼窝镇石臼窝村土坯硬山顶建筑的平面图、立面图和剖面图

图 28.2　玉田县石臼窝镇石臼窝村土坯硬山顶建筑 BIM 模型图

28.2　丰润区岩口乡比古岫村木构架硬山顶建筑

丰润区岩口乡比古岫村木构架硬山顶建筑的平面图、立面图和剖面图如图 28.3 所示，BIM 模型图如图 28.4 所示。

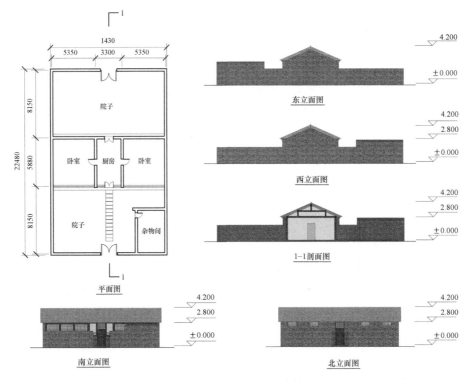

图 28.3　丰润区岩口乡比古岫村木构架硬山顶建筑平面图、立面图和剖面图

图 28.4　丰润区岩口乡比古岫村木构架硬山顶建筑 BIM 模型图

28.3　丰润区岩口乡柴家湾村新建楼房

丰润区岩口乡柴家湾村新建楼房的平面图、立面图和剖面图如图 28.5 所示，BIM 模型图如图 28.6 所示。

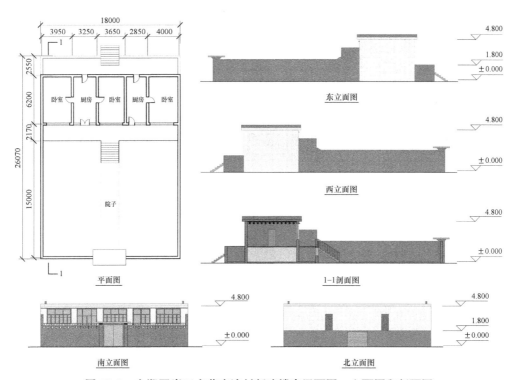

图 28.5　丰润区岩口乡柴家湾村新建楼房平面图、立面图和剖面图

图 28.6　丰润区岩口乡柴家湾村新建楼房 BIM 模型图

28.4　古冶区王辇庄乡抹轴峪村民居

古冶区王辇庄乡抹轴峪村民居的平面图、立面图和剖面图如图 28.7 所示，BIM 模型图如图 28.8 所示。

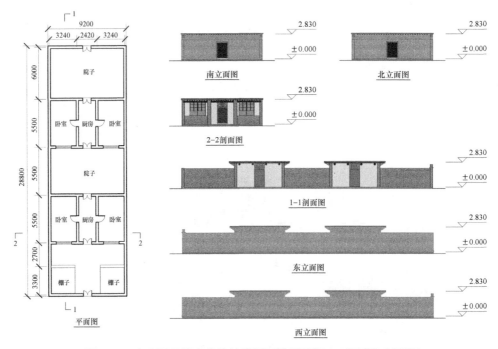

图 28.7　古冶区王辇庄乡抹轴峪村民居平面图、立面图和剖面图

图 28.8　古冶区王辇庄乡抹轴峪村民居 BIM 模型图

28.5　乐亭县崖坨村新建砖混平顶建筑

乐亭县崖坨村新建砖混平顶建筑的平面图和立面图如图 28.9 所示，BIM 模型图如图 28.10 所示。

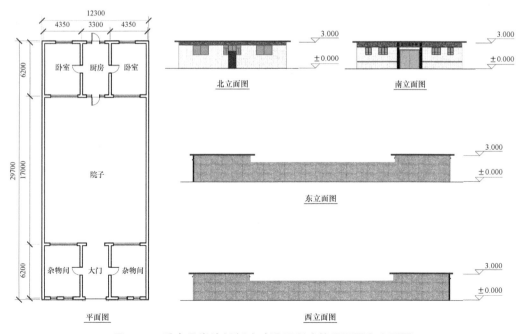

图 28.9　乐亭县崖坨村新建砖混平顶建筑平面图和立面图

图 28.10　乐亭县崖坨村新建砖混平顶建筑 BIM 模型图

28.6　乐亭县庞各庄乡流世佛村典型前后院囤顶建筑

乐亭县庞各庄乡流世佛村典型前后院囤顶建筑的平面图、立面图和剖面图如图 28.11 所示，BIM 模型图如图 28.12 所示。

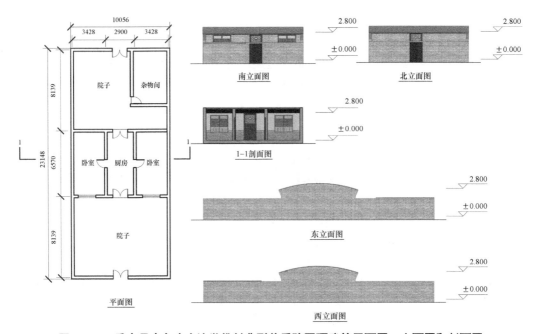

图 28.11　乐亭县庞各庄乡流世佛村典型前后院囤顶建筑平面图、立面图和剖面图

图 28.12 乐亭县庞各庄乡流世佛村典型前后院囤顶建筑 BIM 模型图

28.7 滦南县东黄坨镇东黄坨村典型前后院囤顶民居

滦南县东黄坨镇东黄坨村典型前后院囤顶民居的平面图、立面图和剖面图如图 28.13 所示，BIM 模型图如图 28.14 所示。

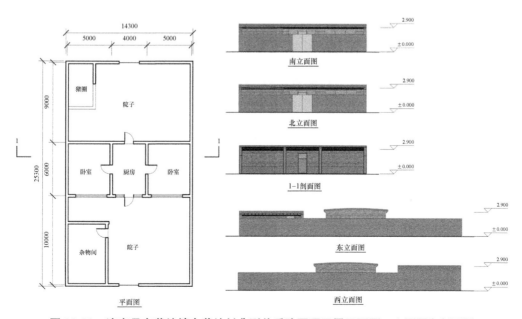

图 28.13 滦南县东黄坨镇东黄坨村典型前后院囤顶民居平面图、立面图和剖面图

图 28.14　滦南县东黄坨村典型前后院囤顶民居 BIM 模型图

28.8　滦州市李家沟村震前百年砖混硬山顶建筑

滦州市李家沟村震前百年砖混硬山顶建筑的平面图、立面图和剖面图如图 28.15 所示，BIM 模型图如图 28.16 所示。

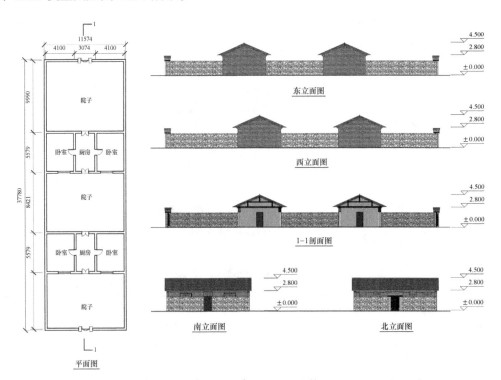

图 28.15　滦州市李家沟村震前百年砖混硬山顶建筑平面图、立面图和剖面图

图 28.16　滦州市李家沟村震前百年砖混硬山顶建筑 BIM 模型图

28.9　迁安市彭店子乡南丘村典型前后院砖混结构囤顶建筑

迁安市彭店子乡南丘村典型前后院砖混结构囤顶建筑的平面图、立面图和剖面图如图 28.17 所示，BIM 模型图如图 28.18 所示。

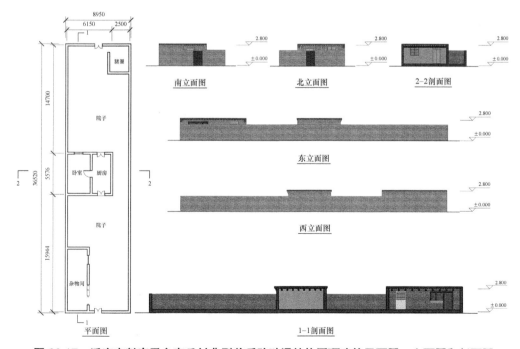

图 28.17　迁安市彭店子乡南丘村典型前后院砖混结构囤顶建筑平面图、立面图和剖面图

图 28.18 迁安市彭店子乡南丘村典型前后院砖混结构囤顶建筑 BIM 模型图

28.10 迁安市五重安乡万宝沟村新建砖混结构硬山顶建筑

迁安市五重安乡万宝沟村新建砖混结构硬山顶建筑的平面图、立面图和剖面图如图 28.19 所示，BIM 模型图如图 28.20 所示。

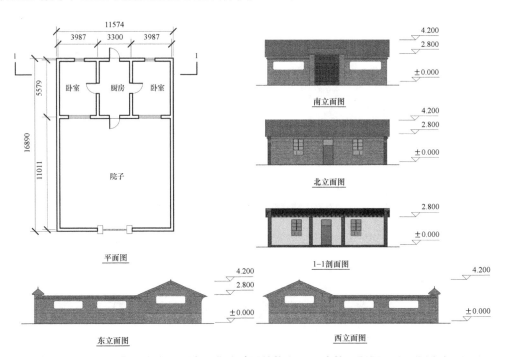

图 28.19 迁安市五重安乡万宝沟村新建砖混结构硬山顶建筑平面图、立面图和剖面图

图 28.20 迁安市五重安乡万宝沟村新建砖混结构硬山顶建筑 BIM 模型图

28.11 迁西汉儿庄乡鸽子峪村典型前后院水刷石民居

迁西汉儿庄乡鸽子峪村典型前后院水刷石民居的平面图、立面图和剖面图如图 28.21 所示，BIM 模型图如图 28.22 所示。

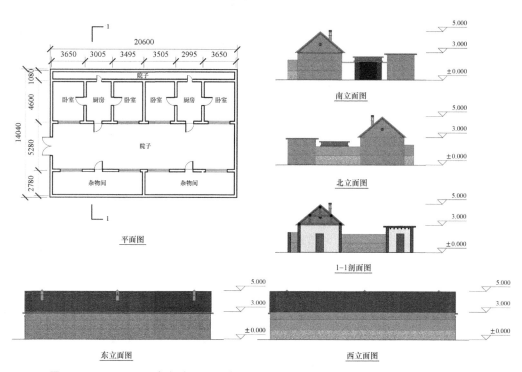

图 28.21 迁西汉儿庄乡鸽子峪村典型前后院水刷石民居平面图、立面图和剖面图

图 28.22 迁西汉儿庄乡鸽子峪村典型前后院水刷石民居 BIM 模型图

28.12 玉田县四角山村典型前后院砖混结构硬山顶水刷石建筑

玉田县四角山村典型前后院砖混结构硬山顶水刷石建筑的平面图、立面图和剖面图如图 28.23 所示，BIM 模型图如图 28.24 所示。

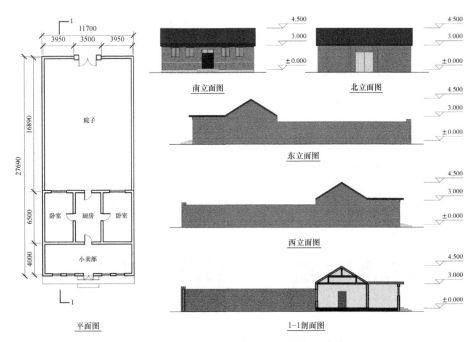

图 28.23 玉田县四角山村典型前后院砖混结构硬山顶水刷石建筑平面图、立面图和剖面图

图 28.24　玉田县四角山村典型前后院砖混结构硬山顶水刷石建筑 BIM 模型图

28.13　玉田县大安镇大南庄村典型前后院建筑

　　玉田县大安镇大南庄村典型前后院建筑的平面图、立面图和剖面图如图 28.25 所示，BIM 模型图如图 28.26 所示。

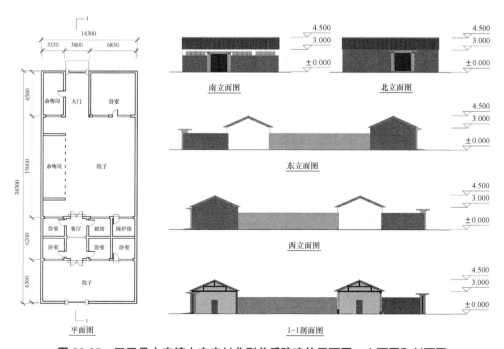

图 28.25　玉田县大安镇大南庄村典型前后院建筑平面图、立面图和剖面图

图 28.26　玉田县大安镇大南庄村典型前后院建筑 BIM 模型图

28.14　遵化小厂乡洪山口村古戏台

遵化小厂乡洪山口村古戏台的平面图、立面图和剖面图如图 28.27 所示，BIM 模型图如图 28.28 所示。

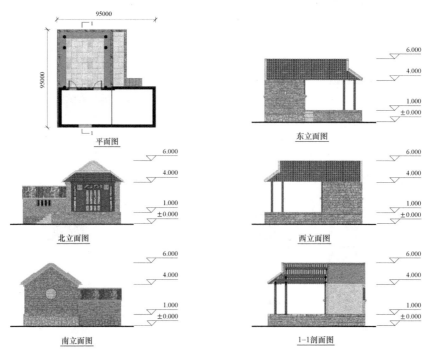

图 28.27　遵化小厂乡洪山口村古戏台平面图、立面图和剖面图

图 28.28　遵化小厂乡洪山口村古戏台 BIM 模型图

第 29 章

特色小镇文化建设中的新媒体艺术诉求分析

当前新媒体艺术逐渐融入不同领域文化传播中，并不断改变着人们的艺术追求和品味，其未来的服务领域是广阔的。将河北省特色小镇文化建设与新媒体艺术相结合，一方面可有效发挥其可复制、互动性强、便于传播的特点，丰富文化传承与创新形式；另一方面可以通过创新传播载体和路径，突出特色小镇的文化建设产业定位、科技元素、文化内涵等，最终在产业化推广和打造特色上取得较大成果。

新媒体艺术主要是通过电子媒介，以计算机图像为载体进行文化的综合传播，其显著特征是影像化造型语言、沉浸式互动体验与虚拟化网络空间。近年来，新媒体艺术在民俗文化传承与推广、商业空间、校园文化等领域应用中取得较快发展。

29.1 国内外相关研究动态

特色小镇是改革创新和经济发展的产物。河北省文化资源丰富，但总体开发仍处于初级阶段，在特色小镇的文化建设中仍然存在一些问题，诸如开发手段单一、整体规划欠缺设计、产业化程度低等，由于传统传播渠道已经不能适应日新月异的时代发展，河北省特色小镇作为产城文化的集合体，亟须新的文化载体、传播媒介为特色小镇文化建设注入新的活力，进行文化传承、文化挖掘与文化再生。

面对这些问题，国内相关专家学者结合新媒体艺术，探索研究新的传播途径和载体。山东省青岛崂山举行非物质文化节，利用新媒体艺术对当地民俗文化品牌综合传播、提升文化影响力起到积极作用。浙江省通过分析公共环境视觉导识的内容、设计元素等，达到提升特色小镇文化识别度的效果。

29.2　新媒体艺术用于特色小镇文化建设的学术价值

特色小镇的文化建设与发展是近年来各级政府和有关部门所重视的课题，河北省人民政府出台了《关于建设特色小镇的指导意见》，其中明确指出，河北省特色小镇规划要突出特色打造，彰显产业特色、文化特色、建筑特色、生态特色等，突出历史文化传承，注重保护重要历史遗存和民俗文化，挖掘文化底蕴。以此为引导，本研究将打破以往惯用的地域文化传播途径，通过将计算机、网络、数字技术等最新技术成果深入当地特色小镇的文化建设，在文化建设虚拟环境、文化传播路径与载体创新及文化再生等方面发挥优势，从而使民众获得更具时代感和科技元素的文化体验。

29.3　特色小镇文化建设中的新媒体艺术结合的研究

29.3.1　河北省特色小镇文化建设现状分析

通过调查研究和文献整理，分析河北省特色小镇文化建设的现状与发展中存在的问题，特别针对唐山市滦县滦州古城、路北区陶瓷文化小镇、邢台市柏乡县牡丹小镇等具有代表性的特色小镇文化建设中亟待解决的问题，研究小镇文化挖掘与再生的潜力。

29.3.2　新媒体艺术介入特色小镇文化建设的实践与信息反馈

新媒体艺术介入，不仅助力特色小镇文化、生态、旅游特色的培育以及延伸产业价值、文化挖掘、文化再生，也为传承小镇文化品牌、开发文化创意产品及文化旅游产业等发挥了积极作用。通过实践、调研信息反馈与理论分析找出特色小镇文化建设与新媒体艺术介入的最佳结合点。

本研究的重点在于进入数字化时代后河北省特色小镇文化建设中所面临亟待解决的问题，以及将新媒体艺术介入特色小镇文化建设所产生的作用和影响。运用新媒体艺术介入特色小镇文化建设后，政府、受众群体势必对新媒体艺术产生新的诉求。作为创作者，应探索新的表现形式与传播载体，并找到最佳契合点，这将成为主要解决的问题。

29.4 新媒体艺术参与特色小镇文化建设的目标与形式

29.4.1 探索河北省特色小镇历史遗存和文化底蕴的新呈现形式

计算机、网络、数字技术等最新技术成果的应用，对完善小镇文化内涵、丰富小镇文化表现形式、创新文化特色产业、提升文化产业水平等均起到了较大推动作用，还为文化再生提供新的思路。

29.4.2 拓展特色小镇文化建设新的途径与载体

新媒体艺术的运用会使特色小镇文化展现出鲜明的互动性和连接性，势必推动整个小镇的文化建设，借助新的文化载体、媒介、渠道寻求新的打造路径，在突出特色上形成试点示范，将对河北省特色小镇文化建设整体水平的提升产生积极的影响。

第 30 章

特色小镇建设中 3D 绘画艺术的介入

特色小镇为新型城镇化发展助力，为建设经济强省、美丽河北提供强有力的支撑，深入剖析河北特色小镇建设的核心竞争力、历史机遇与发展瓶颈，以创新生态系统理论为指导，以 3D 绘画艺术为媒介，助力打造出具有持续竞争力的创新型特色小镇。3D 绘画艺术一直是国内外美术学、旅游研究领域的重要课题。本章主要阐述绘画与旅游相结合，独特的艺术形式是丰富当地旅游文化的重要手段，也是打造特色文化小镇的重要手段之一。

30.1　3D 绘画在建设特色小镇中的特殊性

30.1.1　河北特色文化小镇建设背景

国外特色小镇理论研究始于 20 世纪 60 年代，美国哈佛大学迈克尔·波特教授在其专著《国家竞争优势》中提出特色小镇相关概念。

近年来，特色小镇在全国迅速发展，河北省计划在北京市周围建设百座特色小镇。

特色小镇"非镇非区"，不是行政区划单元上的"镇"，也不是产业园区的"区"，而是按照"创新发展、协调发展、绿色发展、开放发展、共享发展"理念，结合自身特色，聚焦信息经济、环保、健康、旅游、时尚、金融、高端装备等的新兴产业，未来有望发展成为全国产业转型升级的微观样本，以及打造示范城镇"升级版"。小镇建设突出历史文化传承，注重保护重要历史遗存和民俗文化，挖掘文化底蕴，开发旅游资源，所有特色小镇要按 3A 级以上景区标准建设，其中旅游产业类特色小镇要按 4A 级以上景区标准建设，并推行"景区＋小镇"管理体制。

30.1.2　3D 绘画的呈现

3D 绘画严格来说最先起源于国外，在绘画领域的发展中已经有长达二十年的发展历史，其在西方的诞生和发展都是西方新潮艺术家的自我表达，是追求个性的一种绘画方式。3D 绘画通过光学折射原理，使人眼从感官上看到一种三维呈现的物体，是一种独特的艺术表达方式。其表现形式已经相对成熟，秉承后现代绘画的特点，场地、主题应用限制程度都不大。

如今我国 3D 绘画的发展已经以一种更贴近公众生活的方式在城市商业领域得到应用。许多城市的公共和商业空间不断融合，其功能也被渗透。将 3D 绘画与特色小镇文化相结合，无论是购物中心、旅游街区还是娱乐场所，都可承载人们对艺术文化的追求，并且 3D 绘画在特色小镇的建设中具有很重要的推广传承作用。3D 绘画可展现丰厚的文化内涵，有着独特的艺术价值，在旅游业中有广大应用的可能性，能够提升本土特色文化并提升旅游文化品位和丰富的文化内涵与底蕴。中国首位 3D 绘画艺术家齐兴华在北京大学开创了中国 3D 绘画的先河，其在北京大学、清华大学的展示引起了很大的轰动。齐兴华在北京大学的 3D 绘画作品如图 30.1 所示，由此可以看出 3D 绘画对于人们的视觉冲击非常强烈，给人们留下了深刻的印象。

建设特色小镇采用 3D 绘画的媒介介入，成本相对较低，并且发展空间很大，参与性、互动性很强。若将 3D 绘画融入特色小镇的建设中，将产生很好的旅游宣传推广作用，并能带来较深的文化影响力，提高小镇文化内涵。以旅游行业最基础的地图来说，将 3D 绘画融入旅游地图中，能提升现代新潮感，还有助于提高旅游行业的纵深发展，加强对旅游景点的宣传[35]。

图 30.1　齐兴华在北京大学的 3D 绘画作品

30.2　河北特色小镇建设融入 3D 绘画的核心竞争力与历史机遇

河北省东临渤海，西依太行，内环京津，具有丰富的自然资源和人文资源，为特色小镇建设提供了有利条件。河北各地凭借自身特色资源或地理区位优势发展特色小镇，带动当地经济取得了飞速发展[36-44]。

30.2.1　当代 3D 绘画的独特性

很久以前，意大利罗马就有画家研究 3D 画面效果，碍于科学技术的发展一直未找到很好的发挥空间，作品普遍不够完整、精细。在 21 世纪，这些问题都得到了解决，3D 绘画艺术家能创作出成熟的作品。3D 绘画创作从视觉语言上突出其个性特征，不同于传统的墙体绘画，能较好地转变传统绘画思维，将表现形式转变为公众可以感知的表现方式。

3D 绘画具有直观性，能够营造逼真的三维空间，加强画面的表现力，有着极强的画面冲击力，视觉层次分明，可使人们留下深刻印象。3D 绘画还具有很强的互动性，极强的立体效果具有强烈的吸引力，促使观众主动参与其中，其新鲜形式容易受到大家的关注，充分释放人们的天性，让人们不仅是观察画面，还能够与之互动，甚至身处其中，成为艺术品的一部分。创意 3D 画作如图 30.2 所示。在当下网络发展如此迅猛的时代，一张好看的自拍、富有创意的小视频，可能很快就流传开来，无形中起到非常有效的推广作用。

图 30.2　创意 3D 画作

3D 绘画还具有无比的创造性，不同于传统的二维平面壁画，实现了从二维到三维的转化，冲破时空的壁垒，将不同元素组合在一起，让人感到立体、直观的效果所带来的奇妙之处，打破传统平面绘画的新颖艺术语言，在创作中运用了创意个性化思维，将绘画的逻辑、形式、直觉、通感的思维交织在一起，所创造的想象空间很大，受到大众的喜爱，最后形成迎合大众审美及环境的一种个性立体思维的产物，在特色文化小镇建设中必将成为独树一帜的风景 [35]。

30.2.2 内在资源核心竞争力

第一，河北地处华北、东北、华东连接枢纽，且内环京津，拥有天然的区位优势和便利的交通条件，提高特色旅游宣传后必将产生重要影响。第二，河北历史文化悠久，拥有丰富的区域文化，文化内涵重点突出。河北现拥有 4 项 6 处世界文化遗产、5 座国家级历史文化名城、278 处国家级文物保护单位，共有国家级历史文化名镇 13 个，省级历史文化名镇 17 个，为发展文化旅游特色小镇提供了丰富的优势资源。第三，河北县域产业基地众多且独具特色，为特色小镇建设奠定了坚实产业基础。

随着经济的发展，人们生活水平日渐提高，业余休闲活动更加丰富，旅游迎来新的发展契机，特色小镇可以为小镇提供强大的旅游功能，不仅能带动小镇自身的发展，还可以有效缓解区域旅游压力。例如，张家口等地，冰雪游、草原游等非常火爆，在河北西北地区，冬季漫长，夏无酷暑，清凉宜人，是离北京最近的解压、避暑、旅游休闲、度假的胜地。根据 2016—2017 年度的调查，河北各地凭借着自身的特色资源与地理优势大力发展，逐渐实现了脱贫致富的产业转型升级，在推动河北经济高质量发展中做出了突出的贡献。

30.2.3 外在历史发展机遇

首先，河北在地理位置上拥有京津冀协同发展战略带来的巨大经济优势和政策红利。无论是北京还是天津，两地均拥有产业发展、基础设施和公共服务等方面的绝对优势，并拥有巨大的潜在市场。其次，时代热点为河北多主题特色小镇发展带来了历史机遇。

2015 年，《京津冀协同发展规划纲要》发布，其中指出，推动京津冀协同发展是一项重大国家战略，核心是有序疏解北京非首都功能，要在京津冀交通一体化、生态环境保护、产业升级转移等重点领域率先取得突破。作为国家级区域规划，京津冀协同发展规划将极大改变京津冀的产业格局，为相对落后的河北提供巨大的发展空间。伴随着爱国主义教育的不断推进，无论是联合北京举办 2022 年冬奥会的张家口，还是石家庄坪山县西柏坡镇，打造河北红色特色小镇都迎来了发展机遇。

30.3　3D 绘画在特色小镇中的应用

30.3.1　3D 绘画技术层次研究概括

随着科学技术的不断发展，电子显像技术的发展足以使图形的视觉效果传到非常真实，新媒体技术的发展可以使大型 3D 效果图在平面上的绘制、光影把控、立体成像方面表现得非常成熟，作品的细节以假乱真，视觉效果更加震撼，让参与者有身临其境之感。国外大型 3D 绘画创作如图 30.3 所示。如今在绘画技术方面完全可以借鉴新媒体影像等技术的发展，通过将影像投射到墙体上，就可以进行 3D 墙体绘制的工作。借助影像工具完成的画面即可达到非常逼真的效果，还可以在人力投入上节省开销，从而降低绘制成本，更有利于特色小镇的建设。

图 30.3　国外大型 3D 绘画创作

艺术创作者运用画笔，通过对色彩、构图进行画面处理，从而营造画面的空间、形体、意境。3D 绘画的形式是基于传统绘画之上的，通过对传统绘画的再创作和发展形成，3D 绘画离不开传统绘画中的艺术特征、艺术形态。3D 绘画在特色小镇建设应用中，首要考虑的仍然是构图，如图 30.4 所示。构图是画作是否成功的关键，不同的构图方法会产生不同的效果。即使现在可用新媒体技术精准构图，但也需要艺术家进行前期的草稿绘制，通过艺术家对草稿的分析考究，确定预期所呈现的效果，最后确定草图。采用新媒体技术严谨地处理过草图的透视、形体之后，就可以通过投影技术进行绘制。创作者在 3D 绘画时使用的颜色一般为室外丙烯颜料，作品刷过防水之后可以保证长达数年甚至数十年不变色、不褪色，因此，3D 绘画一直深受艺术家喜爱和追捧。绘制色彩以物体为创作中心，根据物体的形态多次描绘，使画面层次不断丰富，使得物体产生强烈的立体感。除此之外，创作者还要格外注意作品与周围环境的关系，通过画面与环境相互结合，使观者难以区分出真假。

无论创作者采用任何技术，3D 绘画的绘画技术都应该具备以下基本要素：透视、明暗、空间、色彩等。优秀的绘画创作者都应该熟练掌握这些基本要素，将这些要素综合利用，产生逼真的视觉效果。透视、明暗、空间是现实主义绘画与其他绘画方式产生不同效果的最根本原因。尤其是"近大远小"的透视原理，通过一定技术被利用在地面或者墙面中，产生与其他绘画形式不同的视觉感受。3D 绘画的立体感和真实感，可以通过将写实绘画与具体构图相结合，这种方式使作品更加真实地还原客观事物。艺术家们在遵循客观事物特征的基础上，通过明暗关系、透视原理、色彩搭配等方法来生动形象地展示出物体

图 30.4　国外大型 3D 绘画创作

的形状和特征。想要得到既真实又虚幻的三维空间，这些元素就要相辅相成，不能孤立存在，每幅优秀的 3D 绘画都要考虑构图的准确性、形体比例的正确性、明暗对比的强烈性，虽然现在新媒体技术很发达，在草图明确之后处理造型变得相对简单，但是也需要创作者熟练掌握这些绘画技巧。只有熟练掌握这些绘画技巧，才能将 3D 绘画熟练地运用到特色文化小镇建设。

30.3.2　地区小镇特色分析研究

随着人民生活水平的提高和生命健康产业需求的日益增长，康养产业的特色小镇将成为未来的发展方向之一，可以通过 3D 绘画以假乱真的画面营造出不一样的视觉享受。河北可借机承接北京优质的医疗资源，利用张家口、承德、秦皇岛等地的生态环境优势，打造一批有特色的康养小镇，例如，秦皇岛北戴河新区拥有国家生命健康产业创新示范区、国家首批健康旅游示范基地、国家旅游综合改革示范区等多张名片，可大力发展康养特色小镇。尤其是在北京与张家口 2022 年冬奥会成功举办及国家大力倡导冰雪产业、普及冰雪运动背景下，冰雪特色小镇将成为发展冰雪产业的最好载体，河北可以凭借良好的冰雪资源禀赋和冬奥会东风，大力建设冰雪特色小镇。

特色小镇的运营模式是以小镇为核心，以企业为主体，以政府为保障。政府负责小镇的特色定位、合理规划、基础设施建设和项目服务审批，推动企业与当地合作。政府方应给予全面支持，协助特色小镇项目立项，争取特色小镇获得上级政府精准扶贫、产业基金等方面的政策与资金支持，配套建设市政路桥、市政综合管网等基础设施，联合企业进行推广宣传，提升区域知名度与社会影响力，联合招商，共享招商引资渠道等。

现有的案例研究主要是针对某些特色小镇的介绍，包括特色产业、规划理念、功能布局等方面，缺乏规划方法及空间打造的分析总结，而且选取的大多数特色小镇案例都处在国内发达地区，缺少对欠发达地区特色小镇建设的思考，主要提出了挖掘地方特色、找准产业定位、进行科学规划、创新体制机制、保证生态优先等特色小镇规划建设启示。现有案例研究将特色小镇分为十个类型，包括历史文化型、城郊休闲型、新兴产业型、特色产业型、交通区位型、资源禀赋型、生态旅游型、高端制造型、金融创新型、时尚创意型，针对每一类小镇都提出了其特点及打造重点。

在此基础上加入 3D 绘画创作，可大大丰富当地旅游文化氛围，还可以通过 3D 绘画主题定制出一些特色小商品，不仅结合当地特色景点绘制成新颖的作品，带动当地经济发展，还进行了文化传播。

总体来讲，3D 绘画的加入在建立特色文化小镇中有着非常重要的地位，应充分挖掘河北省各地区的文化特色，与 3D 绘画艺术结合起来，通过一系列的 3D 绘画创作及旅游纪念品的形式提高河北省旅游度假的核心竞争力。通过 3D 绘画创作的展示、拍照摄影等形式，加强河北省的文化内涵宣传，以及旅游文化产业的发展和宣传。无论是缓解区域旅游压力、带动特色小镇经济发展，还是传播河北特色文化，这种将 3D 绘画艺术与特色小镇相结合的艺术形式有着广阔的发展前景，让 3D 绘画艺术走入人民群众中。

第 31 章

基于地标孟德武雕塑《曹妃回乡》的本土文化传承

城市地标性雕塑的创作与落成，展现着地域民间传说文化的普遍性、传承性和发挥性特征，也成为城市中见证时间、空间下历史传承与未来发展的代表性建筑景观。孟德武先生的创作《曹妃回乡》，运用其精妙的艺术语言与对家乡文化的深刻理解，将文化象征矗立在城市之中，展现着独特的文化艺术魅力，影响着城市乃至每个人心中对于文化精神传承与信仰的温度和思考，拉近了这座城市与人们之间的距离，将艺术审美情感融入城市文化生活中。

随着我国城市的飞速发展，人们早已开始从物质生活需求向精神生活需求过渡，城市地标作为城市特色文化表现载体，在一定程度上推动了城市的发展。城市地标对于一个城市而言，引领着地方群众的精神信仰，展示着城市独特的文化依托，以民间传说特色文化为特征的城市地标塑造，更加深化了民众的认可度以及相互的衔接性，从而形成城市多元文化理解层面的交流沟通。

31.1 民间传说题材的城市地标雕塑

民间传说是一种普遍且极具地域特色的民俗文化。相较于一些约定俗成的民族文化来说，民间传说多带有一定的地域主观价值和引导意味。民间传说的产生与人们的社会实践、生存环境以及精神需求等方面有着密切的联系，是基于人们在某种需求层面的前提下进行不断演变和发展的，从而成为地域特有的文化符号和行为信仰。

民间传说的流传在很大程度上体现了文化历史的变迁，承载了民众特定时期下的希望与寄托，凝聚了劳动人民在社会实践过程中的经验与追求，既反映客观事实也体现了人们主观精神力量的智慧。民间传说题材具有十分重要的文化价值，当越来越多的设计将民间传说中的文化思想凝练，通过艺术创作的形式进行可视化处理，这不仅体现在设计作品的时代性中，也体现在地方团结精神的塑造和地域文化特色的传播等方面。

在民间传说题材的艺术物象化创作过程中，城市雕塑这一艺术表现形式已然成为地域文化传播与表达的象征载体。城市雕塑以一种最为直观的视觉体验反映出了一座城市所处地域的文化底蕴与人文精神，具有鲜明的展示、宣传特征。不同文化题材的选择与造型的设计表现造就了城市雕塑的独特性，围绕当地特有的文化特色与生活习惯向外界传递雕塑作品中所蕴含的人文、历史、地域、时代等层面的思想与创意，从而促进城市文化发展，增强城市凝聚力。城市雕塑在强化地域文化代表性的同时，通过文化设计题材的选择将其中精神内涵提炼注入雕塑作品中，是一种具有启发性且拉近人与城市之间距离的功能表现手法。

民间传说题材下的城市雕塑为城市空间建立了独特的地标象征，也为人们提供了对于文化不同层面理解的可视角度。民间传说雕塑的城市标志性在于其文化的独特性和代表性，区别于其他城市文化特色，同时在其本土地域具有一定的主流正面象征意义。民间传说题材雕塑的公共性和场所性也是打造城市地标的重要属性，其设计依赖于城市环境，其特色的故事性是建立在特定城市环境空间中表现和塑造的。城市雕塑在表现民间传说的过程中需要考虑在特定城市环境之下的文化表现效果，发挥其城市文化地标的功能特点，从而在空间环境内回归文化主题本身对于受众群体"土生土长"的归属感、信念感与认同感，弱化城市文化趋同。

人们通过雕塑与环境之间所呈现的可识别艺术效果对民间传说文化进行不同方面的理解与思考，基于客观实事的广泛想象空间与其特有的灵活开放属性更是大大加深了民众对传说故事性的联想、衔接与理解，引起民众共鸣。强调文化的代表特征、指引意义与精神信仰，放大作品本身的情感表现力，呼唤城市个性展现等城市文化地标的功能特征塑造也为雕塑作品赋予了表现城市精神面貌的展示功能。

31.2 孟德武雕塑《曹妃回乡》作品解读

自中华人民共和国成立以来，以传说为题材，创作城市雕塑地标者，广东为先，而尤为著名的当属位于广州越秀山楚庭之地的《五羊雕塑》。改革开放后，潘鹤先生为珠海特区创作的城市地标性石雕——《珠海渔女》，可以看作继《五羊雕塑》后最为成功的城市地标。以秉持文化自信为指导思想，根植生活，寄语改革开放，彰显地域文化特色已然成为艺术设计工作者在实践中的责任与使命。对于同为沿海城市的河北唐山来说，当地也素有"南有妈祖，北有曹妃"之言，曹妃甸作为唐山市海洋、工业等特色文化的典型代表地区，积极对接全市文化产业发展重点。对此，《曹妃回乡》城雕作品的设计不仅是孟德武先生精心为家乡树立文化名片创作的城市地标性作品，也是其作为艺术家为弘扬地域特色优秀文化做出的巨大贡献。

《曹妃回乡》与《珠海渔女》相同，均取材于地方性民间传说。《珠海渔女》的创作，正如珠海之名，珠江口西岸盛产蚝贝，珍珠久负盛名，不仅因为传说中的南海龙王之女，更因捕捞蚝珠也是女性能够参与的近海作业，最主要还因为珍珠的珠宝意象——珠光宝气与女性容颜美貌有关。潘鹤先生以渔家妇女为形象来源——化神话之说为现实之形，赋予龙王之女古典美的意象——渔女之身形如水草一样婀娜多姿，高举宝珠的双手合为一个易于辨认的"格式塔"，兼有古希腊雕塑的造型之美和佛教造像的东方神韵。

1982 年，刘开渠先生在全国城市雕塑规划、学术会议开幕词中提到雕塑美化城市和园林规划问题，呼吁全国各地都要重视，要把城市雕塑作为精神文明建设的一项任务来抓。《曹妃回乡》城市地标型雕塑的设计是孟德武先生基于曹妃甸本土特色民间故事题材创作的，故事版本很多，但都有一个共同点，那就是千百年来，曹妃形象已然成为曹妃甸人民心中爱与勇的保护神化身。

相传李世民来到渤海之滨暗访民情，在曹妃甸一带偶遇袭击，在遇险之时，曹娴及时相救。最终，李世民与曹娴产生情愫，由魏征做媒，将曹娴纳为皇妃。然而曹妃想带父亲一同远走长安，但父亲因难舍家乡拒绝了曹妃的提议。无奈之下，曹娴只能暗自祈愿：父亲，我一定找时机再回来看你。来到皇宫的曹妃用自己的智慧与仁爱平息了后宫诸多争斗，最终用坚贞、仁义与善良取得了李世民深切的信任。

后来，李世民东征高丽，曹妃主动请缨随军出战。武艺高强的曹妃在战场中大显身手，多次在李世民遇险之时出手相救。回程途中，路过家乡的曹妃回到故里探望父亲，看到的却只是父亲在沙岛上的一座坟冢。曹妃在过度悲伤下身染风寒，病倒在这座沙岛之上，之后突然听到渔民呼救，她忍着病痛出手相救，最终，身染重疾的曹妃病逝在岛上。

城市文化是城市雕塑的载体，城市雕塑离不开城市文化的表现，离开了城市文化的城市雕塑将成为无源之水、无本之木。孟德武先生截取曹妃民间传说中秦王李世民和曹妃（曹娴）东征高丽胜利班师，在曹妃甸海边春潮滚滚纵马驰骋回七农场老爷庙家里省亲的瞬间作为艺术创作表现形象，耗时两年，精心设计制作而成。作品将艺术性与思想性做到了高度的融合，把"曹妃文化"和"大唐文化"注入雕塑作品之中，相辅相成，通过艺术语言的塑造表达地域文化与城市之间的关系，成为唐山曹妃甸特有的标志性文化现象。

《曹妃回乡》青铜像高 3.69 m，数字取民间吉祥之意，加上石雕底座整体高度直立距水面约 7.98 m，气势磅礴，栩栩如生。该作品泥塑阶段制作采用中国美术学院雕塑系的泥点塑造法，增强体面黑白灰对比，看上去比较厚重，强调形体饱满，极具张力，综合运用了丰富的艺术表现手法，整体影像动感十足，叙事性的表达准确生动，寓意深远，呈现出李世民与曹妃东征高丽后凯旋的一种恢宏气势和大唐文化元素的艺术美感。该雕塑刻画的李世民与曹妃两位人物形象线条流畅，细密精致，将二人的神态体貌等特点表现得极为鲜明。据孟德武先生叙述，曹妃像的创作参照了现代演员演绎的唐朝皇妃形象和唐代古画《簪花仕女图》《虢国夫人游春图》里的贵妇形象，并结合他自己的理解，时代背景特征通过细节的刻画体现鲜明。曹妃梳高发髻，头戴华贵凤簪，配饰精美花钿，眉眼间难掩喜色，面容端庄谦和，体态丰腴饱满，身姿笔挺，英姿飒爽，身穿罗裙，罗纱随疾驰的奔马轻盈飘逸，展现出了盛唐背景下女性的丰盈柔美体貌特征以及自信、开放、勇敢等内在品质特征，也凸显了曹妃尊贵的身份以及刚柔并济的智慧与魅力。

李世民像参照了唐代画家阎立本所绘的《唐太宗李世民像》，并在此基础上将体态做精干化处理，去掉肥胖特征部分，展现年轻的秦王李世民的相貌，表情气定神闲，温文儒雅，眉宇之间透露着作为君主的深谋远虑；其佩戴的唐刀也更加彰显了健壮勇武的王者气势，佩刀造型就像一把宝剑头斜切出一个斜面一样，刀身直挺有力，便于破甲，轻巧锐利又不失庄重威严，刀柄头的设计也巧妙地运用了精美奢华的盘龙造型装饰，体现李世民帝王的尊贵身份与威仪。两位人物的塑造具有唐代人物的典型特征，遵循传说故事的历史背景，从多处精密细节的设计中将精神维度中二人的家国情怀表达进行了强烈的对比。

战马膘肥体壮，突出唐马造型特征：身形饱满健壮、结实有力。孟德武先生在战马的体态塑造上参照了一些唐代画家所绘马的造型，马鞍装饰、笼套装饰则提取了唐代绘画《虢国夫人游春图》里的部分装饰细节，精美华丽，区别于皇家以外的马匹，彰显奔马尊贵的身份特征；奔马气势雄强刚劲，奋力驰骋，比例准确，结构分明，构图呈大开大合之态，表现出了奔马动态的飞速疾驰，符合力学平衡原理，同时艺术造型处理优美得当，线条流畅滑润。孟德武先生说，秦王李世民骑的马脖子上的三组马鬃造型（三花马）只有帝王御用良驹才能使用，是尊贵身份等级的象征。"三花"饰马是唐代宫廷与贵族间流行的饰马方式，也是区分马匹等级与贵族身份的一种重要标志，"三花"为唐代良马的最高等级标志。此外，这匹马是大公马造型，扬足飞奔的动势凸显马匹的性情刚烈，桀骜不驯，只有秦王才能驯服，马衣图案为宝剑纹造型，马镫则是龙头造型，处处体现着勇武和至高无上的尊贵身份象征。曹妃骑的马是母马造型，呈微微含蓄颔首姿态，形态、性情相对温顺，马衣装饰牡丹团花图案，雍容华贵，马镫装饰采用凤首造型，与秦王李世民的龙头造型马镫搭配呼应。

《曹妃回乡》雕塑整体上人、马、装饰三部分相匹配，互为烘托，基调和谐统一，营造故事气氛。视觉上李世民形象以及马匹的威武雄健体貌造型与曹妃形象及奔马的柔和坚毅体貌特征刻画都展现出了其活灵活现的动势特征，也都体现出了战争胜利的激昂情感和归乡似箭的急迫之心，引发文化与城市和群众之间的共鸣精神情感，人物与奔马的两性特征对比鲜明，视觉效果强烈且有冲击力，更加完善了人们心中曹妃以国家大义为先、骁勇睿智、果敢神武、热爱家乡等人物特点。雕像底座正面镌刻的"曹妃回乡"四个大字由中央美术学院原书记、中国美术家协会雕塑艺委会主任盛杨先生书写。盛杨先生是中央美术学院著名教授，曾担任雕塑系主任，在雕塑创作方面有着卓越的成就，创作了《民兵》《卓玛》《星星》《教育家徐特立》等多件优秀作品。

回观《曹妃回乡》雕塑底座背面，依次镌刻的是李世民的《春日观海》一诗、曹妃上私塾时所作诗句以及历代诗人对曹妃怀念的诗词，这充分说明曹妃的故事在曹妃甸渊远流长，深入人心，也更加深了其作为城市地标的文化意义。雕塑下面的两层石栏板上的图案也独具匠心，上面一层栏板最前面的图案是"天下太平"，寓意天下太平，团结一心；右边栏板装饰依次是文官一品至九品的官品珍禽补子纹样，象征机敏聪巧，以示文明；左边栏板图案依次是明代武官一品至九品的官品瑞兽补子纹样，象征力量与威严，左右两边的装饰设计正好符合百官上朝"文东武西"的规制，装饰布局严谨，唐代官阶在官服装饰的体现上没有明显的造型区分，以颜色区分为主要体现方式，而以明代官阶官服装装饰纹样为造型依托的设计细节中体现着文化的发展、历史的见证以及精神的传承与延续，在空间与时间的维度中表达了过去、现在和未来的历史跨度设计观念，代表曹妃文化是从唐代走到现当代的漫长过程中历经不同时代的城市坐标文化；下面一层栏板最前边的栏板图案为"四海升平"，寓意安宁和平、丰收，装饰以"五谷丰登""渔业丰收"等具有地方特色的民间吉祥图案，表达了老百姓的心声以及美好的精神信仰与祈愿。

综合来看，雕塑作品与环境尺度之间的空间关系处理达到了视觉观赏的绝佳节点，构思巧妙，迎着优美的天际线与环境相得益彰，尽显策马奔腾的宏伟壮丽气势，却也不失温度与亲和之感。雕塑各部分的装饰设计也具有十分丰富的文化内涵和整体意识：最上面李世民和曹妃的服饰图案以龙（或蟒）、凤为主，突出皇帝（或秦王）、妃子的身份特征，象征最高阶层；上面一圈石栏板上的珍禽瑞兽图案代表文武百官，为治理阶层；下面一圈石栏板上的各种吉祥图案则代表黎民百姓，代表着国家真正的基石底层，三个层面和谐相处，上下同心才能成就真正的天下太平。该设计注入了孟德武先生对于家国情怀的深刻思考、渊博学识以及大家之风。一方水土养一方人，《曹妃回乡》这一城市地标雕塑承载的是文化的传承、精神的信仰以及历史的见证等责任，只有设身处地地站在唐山曹妃甸这座城市的土地上感受这独特的文化氛围之下的风土人情，才能理解其艺术创作表现与文化内涵之间的关系。走进城市居民们的心之所向，使得雕塑作品的内隐信息和外显结构都能形成一种精神文化思想与艺术空间环境上的高度和谐，使作品承担起作为传播媒介、展示窗口、精神文明象征载体以及历史见证者的重要职责，孟德武先生运用艺术手法为作品本身赋予了地域特色性、历史时间性、传播展示性等一系列厚重的文化意义。

孟德武先生作为一名优秀的雕塑家、画家，曾获得 2008 年北京奥运雕塑景观大赛国际巡回展金奖和中国曲阳国际石雕大赛一等奖等重要奖项，创作了很多经典作品。值得一提的是，他的作品多以中国传统文化元素、中华民族优秀精神品德、祖国和家乡文化等作为创作题材，这体现出了孟德武先生热爱祖国家乡文化，将弘扬中华优秀传统文化作为创作己任的高尚品质。艺术共同的本质"都是客观世界在人的意识领域的审美反应，都是感性形象来反映世界"。《曹妃回乡》雕塑从构思到完成再到最后的呈现，都是孟德武先生运用其敏锐的感知力将文化内容艺术化表现的过程，从造型具象化的塑造到探寻表现文化故事背后的精神内涵，创作过程中展现出了孟德武先生对于家乡文化的理解、弘扬优秀传统文化的热忱以及整个故事背后的多元意义。

31.3 《曹妃回乡》雕塑的文化现实意义

艺术的本质离不开精神与文化，精神与文化的塑造表现又决定了艺术的感染力与生命力。就像潘鹤先生的《珠海渔女》在珠江口的海岸线衬托之下成为这座城市中极具标志性的城市名片，如同从海中浮现，伫立于礁石之上，成为新兴特区城市的守护神。经得起历史、文化和群众考验的优秀城市地标雕塑，也许取材各异，但它们都具有共同的视觉特征——造型独特、易于记忆、文化代表性强。人们依托于文化，根植于乡土，精神思想的引领成为塑造城市文化地标的重要因素。

《曹妃回乡》雕塑作品中浓缩了这片海滨沃土的风土人情，以蓝天、大海、城市建筑为衬托，反映曹妃甸的海滨城市风貌，和谐共生，既是神圣的，也是亲切的。对于当地百姓来讲，这是一种独特的文化象征，也是一种增加人们对于家乡本土文化认同感与归属感、正能量的具有指引意味的精神信仰。曹妃智慧忠诚、匡扶正义、睿智勇武、仁义善良的积极形象深入每一位曹妃甸人的心中，成为当地特色的文化之根，具有强烈的代表意义和传承精神，以雕塑之形将精神之魂永远地萦绕在城市上空。

《曹妃回乡》的落成，凝结着历史的意味，展望着整座城市的发展。文化载体的价值体现是时间不断沉淀和发展的过程，城市在不断变化、前进和丰富，而城市文化地标性雕塑则承载着一种永恒不变的精神信仰，是时间的"见证者"，在空间与时间的环境关系中具有可持续性、人文价值和重要的文化影响力，成为有迹可循的文化传播、记载和研究的证据。公共艺术作品逐渐被大众近距离接触，成为城市视觉文化认知的名片，并逐步成为把握城市生态脉搏的主导因素。

《曹妃回乡》城市地标性雕塑已然跨越了时间的框限，见证历史的同时也丰富着人们的生活，提高着人们的审美鉴赏力，为城市的审美文化增添了一处代表性景观，营造了一个良好的文化审美氛围。在时间和空间下，它在静态中发展，也在发展中沉淀，它是历史永恒的，也是时代当下的。

该雕塑为曹妃甸这座城市增添了城市的可识别性和独特性，不仅为其赋予了城市文化与精神厚度，也吸引了更多想要学习、了解和研究曹妃文化的人们来探索这座城市的精神内涵与艺术文化符号，促进城市间的交流与发展。《曹妃回乡》这一雕塑不仅凝结了地区人民的信仰与文化之精髓，还注入了艺术家对于家乡文化的情感、理解与期许，整座城市因此而更加团结、有温度，为曹妃甸特色文化代表树立了鲜明的旗帜，引领和见证着城市的发展，展示着这座城市独特的文化魅力。

"唐王何日再回眸，苍海横流几度秋。羽化成仙遗韵在，佑民济世未曾休。"曹妃甸独特的曹妃文化为整座城市增添了丰富的文化内涵。《曹妃回乡》的落成也为曹妃甸创建了更加特色鲜明的文化交流名片，孟德武先生力求打造精品城市地标雕塑，连接过去大唐文化与现代曹妃甸之间的文脉传承，增强现代社会背景下城市中人们的认同感归属感。民间传说题材的设计表现打破了常规仅限于历史纪念意义和审美诉求下的艺术作品选题，更加注重故事情节中特有的灵活性和传唱性，运用城市地标性雕塑的艺术表现形式根植于城市发展的文化表达和人文需求，不断地去探索和传承，促进城市发展，达到一种具有标榜性、凝聚性、象征性以及传播性的正能量教化意义。

参考文献

[1] 杨贵庆，庞磊，宋代军，等.我国农村住区空间样本类型区划谱系研究[J].城市规划学刊，2010（1）：78-84.

[2] 赵丽，付梅臣，严学仕.基于层次模糊综合评判法的土地集约利用研究：以河北省永清县为例[J].资源开发与市场，2007，23（9）：791-794.

[3] 骆志军.城市土地集约利用潜力评价研究[D].南京：河海大学，2005.

[4] 中华人民共和国国家统计局.2008中国统计年鉴[M].北京：中国统计出版社，2008.

[5] 曹蕾.城镇土地集约利用研究：以重庆市渝北区为例[D].重庆：西南师范大学，2005.

[6] 李昕.农村居民点土地集约利用评价研究[D].郑州：河南农业大学，2008.

[7] 孙玉，徐其华.论集约化的城市规划目标体系[J].规划师，2004，20（9）：104-107.

[8] 肖波，张建新，宋松，等.安徽省凤阳县农村居民点用地集约利用潜力研究[J].湖南农业大学学报（自然科学版），2009，35（2）：200-203.

[9] 孟媛，张凤荣，姜广辉.集约用地标准须科学确定[J].中国土地，2006（12）：40.

[10] 蔡玉梅.美国集约用地的技术路线[N].中国国土资源报，2004-11-10.

[11] 陆元鼎.中国民居建筑[M].广州：华南理工大学出版社，2003.

[12] 郭琛，孙佳秋，张雪薇.传统文化对民居的影响：以济宁地区为例[J].中国住宅设施，2017，（12）：47-49.

[13] 陈智波.富川瑶族自治县传统村落精准保护发展模式设计[J].建筑工程技术与设计，2017，（15）：33-34.

[14] 孙大章.中国民居之美[M].北京：中国建筑工业出版社，2011.

[15] 杨宇环.城市化进程下的农宅特征与建造体系演变初探[D].重庆：重庆大学，2012.

[16] 郑培，连璐，冯慧.浅析具有陕西特色的居住建筑[J].中国商界，2010（10）：330-331.

[17] 董斌.浅谈云南禄丰县黑井古镇的保护与发展[J].中国民族博览，2015（8）：193-194.

[18] 龚胜生，李孜沫，胡娟，等.山西省古村落的空间分布与演化研究[J].地理科学，2017（3）：416-425.

[19] 王晔.山西静升村古堡建筑历史特性与始建原由的探析研究 [J].湖北民族学院学报（哲学社会科学版），2014（4）：32-35.

[20] 周青.晋东聚落与民居形态分析 [D].太原：太原理工大学，2010.

[21] 邓敏，刘启亮，李光强，等.空间聚类分析及应用 [M].北京：科学出版社，2011.

[22] 赵荣，王恩涌，张小林，等.人文地理学 [M].第2版.北京：高等教育出版社，2006.

[23] 王中原.3D画对绘画艺术观的挑战和拓展 [J].南阳师范学院学报，2018，17（2）：53-58.

[24] 牟川.3D绘画在四川旅游业态创新中的应用和布局探析 [J].旅游纵览（行业版），2013，（12）：144-145.

[25] 王珺.VR技术在唐山皮影传承与保护中的应用研究：评《唐山皮影艺术及其历史文化研究》[J].新闻战线，2018（14）：168.

[26] 陈建伟，宋小青，苏幼坡.地震灾害避难场所的类型演变与防灾功能 [J].世界地震工程，2014，30（1）：57-61.

[27] 宋小青，王佳山，陈建伟，等.防灾应急避难场所通用标识优化设计研究 [J].世界地震工程，2013，29（2）：86-89.

[28] 王珺.河北省数字艺术教育现状分析与对策研究 [J].大舞台，2013（2）：216-217.

[29] 王珺.河北省数字艺术人才培养现状及其策略研究 [J].大舞台，2013（3）：281-282.

[30] 宋小青，陈建伟，张磊，等.突发灾害应急避难场所造型设计的特点与启示 [J].世界地震工程，2014，30（2）：169-172.

[31] 宋小青，王备，武云杰.乡村振兴规划背景下冀东民居营造技艺更新策略研究 [J].华北理工大学学报（社会科学版），2021，21（5）：134-139.

[32] 宋小青，赵晓东.3D绘画介入河北特色小镇文化建设路径分析 [J].华北理工大学学报（社会科学版），2020，20（4）：120-126.

[33] 蒋跃.绘画构图学教程 [M].上海：中国美术学院出版社，2003.

[34] 谢冬平.中国当代3D立体画研究及应用现状分析 [D].扬州：扬州大学，2015.

[35] 宋小青.油画作品 [J].艺术百家，2013（2）：279.

[36] 李四达.数字媒体艺术概论 [M].北京：清华大学出版社，2006.

[37] 李柏文.国内外城镇旅游研究综述 [J].旅游学刊，2010（6）：88-95.

[38] 王萍.论现代壁画的时代化特征 [J].山东省青年管理干部学院学报，2007（4）：150-152.

[39] 王颖鑫，齐兴华.中国3D街头地画第一人——齐兴华 [J].数码世界（B版），2011，10（1）：130-133.

[40] 陈建伟，杨珺珺，苏幼坡.室内家具地震次生灾害及其防御对策 [J].世界地震工程，2015，31（1）：144-149.

[41] 陈建伟，王卫国，苏幼坡，等.地震应急救灾资源配置模型研究 [J]. 世界地震工程，2015，29
　　　（4）：33–37.

[42] 潘宜，陈佳骆.小城镇规划编制的理论与方法 [M]. 北京：中国建筑工业出版社，2007.

[43] 陈建伟，陈艳华，苏幼坡，等.重大地震灾害应急救援的基本方式：自救、互求与公救 [J]. 世界
　　　地震工程，2015，32（2）：114–118.

[44] 刘董.云南滨西特色旅游小镇规划设计研巧 [D]. 昆明：昆明理工大学，2013.

附录　冀东地区典型民居手绘图

附图 1　古冶区王辇庄乡抹峪村百年民居门楼

附图 2　古冶区王辇庄乡抹峪村囤顶民居鸟瞰

附图3　玉田县石臼窝镇石臼窝村土坯硬山顶建筑

附图4　乐亭县庞各庄乡流世佛村前后院囤顶建筑

附图5　迁西县汉儿庄乡鸽子峪村新建欧式建筑

附图6　开平区洼里镇孩儿囤村砖混平屋顶民居

附图 7　滦南县马城镇李大庄村前后院囤顶民居

附图 8　遵化市东陵乡五道洞村前后院民居

附图 9　丰润区岩口乡古岫村木构架硬山顶建筑

附图 10　迁西县汉儿庄乡鸽子峪村坡地民居

附图 11　迁安县太平乡西蛇探峪村新建楼房

附图 12　迁安县上营乡十八盘村歇山顶建筑

附图 13　迁西县上营乡十八盘村山村街景

附图 14　遵化市娘娘庄乡下丁甲岭村水刷石民居

附图15　丰润区李钊庄镇刘宗铺村民居屋顶结构